いちばんやさしい

建築構造力学問題集296

上田耕作 著

Ohmsha

はじめに

　本書は，『ズバッと解ける！　建築構造力学問題集220』の改訂版として執筆したものです．10年ぶりに手を入れるこの機会に，次の3つの点に配慮いたしました．

　1つ目は，COVID-19を契機として配信型の授業が増えたことにより，対面での質疑応答の機会が少なくなりました．よって，勉強しながらふと湧くであろうと思われる疑問点に答えるよう心掛けました．これまでの授業で受けた質問や読者からいただいた質問に答えてきた内容はすべて盛り込みました．ただし，問題集として基本的な事項の解説には限界がありますので，『計算の基本から学ぶ　建築構造力学（改訂2版）』（2020年11月）と併せて勉強していただくと，よりいっそう理解が進むと思います．

　2つ目は，一・二級建築士の受験資格の法改正によって実務経験が受験要件から登録要件へと変更されたことから，これまでより2年から4年早く受験が可能となりました．構造力学は，暗記科目ではないことから，なかなか独学が難しく，このことが原因で不合格になってしまうことも少なくありません．本書では，一・二級建築士の過去40年以上の問題を分析した中から，基本から応用に至るまで実力のつく良問を取り扱いました．ただし，実務に必要な構造力学を意識して，資格対策だけの勉強にならないよう配慮しました．もちろん，実際の構造計算に出てこないような数理パズルのような問題は扱いませんでした．

　3つ目は，旧版に対して問題数が少ないとのご意見をいただいていましたので，今回，基本問題2を新しく設け，各節は，［基本問題1］，［基本問題2］，［Exp Up！］，［演習問題］の4段階の構成としました．問題数は，各4問×74節＝全296問となり，これにともない書名も『いちばんやさしい　建築構造力学問題集296』と改題になりました．

　本書を手にしたすべての読者が，これをきっかけにやる気に火がつき，構造力学の問題を解く喜びを感じながら，知らないうちに得意科目になっていく手助けになれば幸いです．

　最後に，執筆にご協力をいただいたオーム社の皆様に感謝します．

2021年10月

上田　耕作

目　　次

　　基本問題の難易度ランクは主に，★（容易）・★★（やや難）は二級建築士，
★★★（難）は一級建築士の問題に対応しています．
　　参考▶では，一級・二級建築士学科試験問題の出題年度と番号を表記して
います．

1章

力の計算とつりあい

　構造力学は，主に力について扱うが，その力は矢印で表現する.

　まず，この力によってモーメントが生じる場合の計算について学ぶ. 次に，力を合成したり分解する問題，分布荷重を集中荷重に置き換える問題，力のつりあい方程式を利用して未知の力を求める問題などに取り組みながら，力の扱いに慣れていく.

① 力と力のモーメント

難易度 ★☆☆

図のような力 5 kN が A 点に作用するとき，O 点に対する力のモーメント M_O の大きさを求めよ．

ただし，モーメントの符号は，右回り（時計回り）を正（＋）とする．

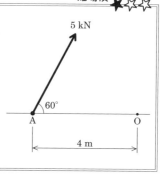

◆ モーメントにおける距離

下図のように，点 O から力 5 kN に直角な線 OB を引く．これが点 O から力 5 kN に対する距離 l となる．

◆ 比較法

距離 l を求める．

隣に 30°，60° の直角三角形の比を描いて比べる．

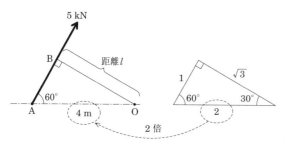

斜辺どうしが，2 倍の関係となっているので，l は，対応する辺 $\sqrt{3}$ を 2 倍して求められる．

∴ $l = \sqrt{3} \times 2 = 2\sqrt{3}$ m

解答

点 O に対する力のモーメント M_O は，右回りなので（＋）を付けて

∴ $M_O = +5 \times 2\sqrt{3} = +10\sqrt{3}$ kN·m

力のモーメントとは

スパナに手の力を加えてナットを回転させるように，物体を回転させる力の効果のことをモーメントまたは力のモーメントといい，力×距離で計算する．

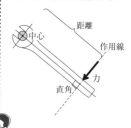

ここがポイント！

上図のモーメントの距離 l は，中心と考えている点 O から，力の作用線までの垂線の長さをいう．中心と考えている点から力までの最短距離である．

必ず覚える！

30°，60° の直角三角形の比

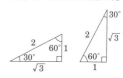

基本問題2

1章

図のような力 6 kN が A 点に作用するとき，O 点に対する力のモーメント M_O を求めよ．

ただし，モーメントの符号は，右回り（時計回り）を正（＋）とする．

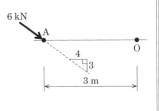

比較法

点 O から力 6 kN の作用線に直角な線 OB を引く．これが距離 l となる．

隣に，3：4：5 の直角三角形を描いて比べる．

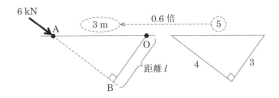

斜辺どうしが，0.6 倍の関係となっているので，l は対応する辺 3 を 0.6 倍して求められる．

$$\therefore\quad l = 3 \times 0.6 = 1.8\ \text{m}$$

これで納得！

基本に忠実に，比例関係から l を求めることもできる．

$$\frac{l}{3} = \frac{3}{5}$$

$$\therefore\quad l = 1.8\ \text{m}$$

モーメントの単位

モーメントの単位は kN・m などである．・は×（掛ける）を略したもので，単位も力×距離となっている．

力の作用線

力の向きの延長線のこと（点線で表す）．

解答

点 O に対する力のモーメント M_O は，左回りなので（−）を付けて

$$\therefore\quad M_O = -6 \times 1.8 = -10.8\ \text{kN·m}$$

図のような力 4 kN の O 点に対する力のモーメントの大きさを求めよ．

ただし，モーメントの符号は，右回りを正とする．

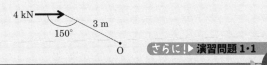

さらに！▶ 演習問題1・1

2 力のモーメントの合計

基本問題 1

図のような平行な3力のO点に対する力のモーメントの合計を求めよ．ただし，モーメントの符号は，右回り（時計回り）を正（+）とする．

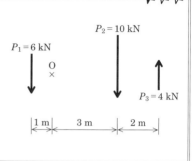

解答

モーメントの合計をΣMとすると

$$\Sigma M = -6 \times 1 + 10 \times 3 - 4 \times 5$$

$$\therefore \quad \Sigma M = +4 \text{ kN·m}$$

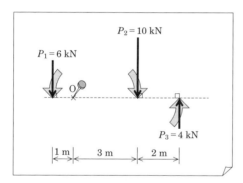

この問題のねらい！

モーメントの合計を求める問題である（つりあいの問題ではない）．この場合，右回りを（+），左回りを（−）として合計する．

ここがポイント！

右回り（+）か左回り（−）かは，問題用紙のモーメントの中心を画鋲で止めて，力によってどちらに回るかで判断する．

これで納得！

力は作用線上において移動させても，モーメントの大きさは変わらない．

基本問題2

1章

　図のような平行な3力のO点に対する力のモーメントの合計を求めよ.

　ただし,モーメントの符号は,右回り（時計回り）を正（＋）とする.

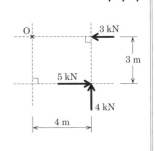

解答

モーメントの合計をΣMとすると

$$\Sigma M = -5 \times 3 - 4 \times 4$$

$$\therefore \quad \Sigma M = -31 \text{ kN·m}$$

ここがポイント！

右図で,3kNのように,力の作用線がモーメントの中心（画鋲）を通る場合は,距離$l = 0$となるため,モーメントは発生しない.

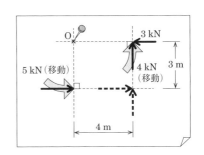

EXP UP! 2

図のような3力のO点に対する力のモーメントの合計を求めよ.
ただし,モーメントの符号は,右回りを正とする.

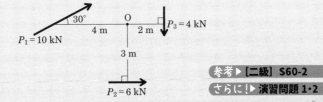

参考▶[二級] S60-2
さらに！▶演習問題 1・2

3 集中荷重の合力

基本問題 1

図のように，平行な 2 つの力 P_1，P_2 の合力を R としたとき，合力 R の大きさと O 点から合力 R の作用線までの距離 x を求めよ．

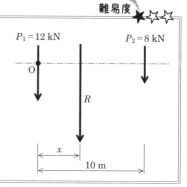

解答

まず，合力の大きさは，下向きに

$R = 12 + 8 = 20 \text{ kN}$

点 O からの距離 x は，バリニオンの定理より

合力のモーメント＝Σ分力のモーメント

$20 \times x = 12 \times 0 + 8 \times 10$

$20x = 80$

$\therefore \quad x = 4 \text{ m}$

合力

複数の力を 1 つにしたものを合力という．

この問題では，互いに平行な力の合力の大きさと向きおよび位置を求める．

この計算には，バリニオンの定理を利用する．

バリニオンの定理

ある 1 点に対する分力のモーメントの総和は，それらの合力のその点に対するモーメントに等しい．

$\therefore$ 合力のモーメント＝Σ分力のモーメント

これで納得！

合力 R を反対向きに作用させると，3 つの力 P_1，P_2，R' はつりあい状態となる．

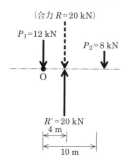

基本問題 2

図のように，平行な3つの力 $P_1 \sim P_3$ の合力を R としたとき，合力 R の大きさと O 点から合力 R の作用線までの距離 x を求めよ．

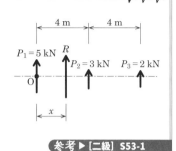

参考▶［二級］S53-1

これで納得！
合力 R' を反対向きに作用させると，4つの力 P_1，P_2，P_3，R' はつりあい状態となる．

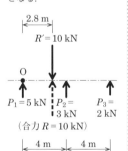

解答

まず，合力の大きさは，上向きに

$$R = 5 + 3 + 2 = 10 \text{ kN}$$

点 O からの距離 x は，バリニオンの定理より

　合力のモーメント＝Σ分力のモーメント

$$-10 \times x = -3 \times 4 - 2 \times 8$$

$$-10x = -28$$

$$\therefore \quad x = 2.8 \text{ m}$$

Exp Up! 3

図のような平行な2つの力 P_1，P_2 が作用しているとき，合力 R の大きさと O 点から合力 R の作用線までの距離 x を求めよ．

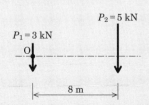

さらに！▶ 演習問題 1・3

4 分布荷重の合力

参考 ▶ [二級] H7-1

基本問題 1

難易度 ★☆☆

図のような分布荷重が作用するとき，合力の大きさ R と A 点から荷重の合力の作用線までの距離 x を求めよ．

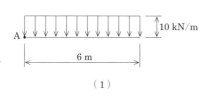

（1）

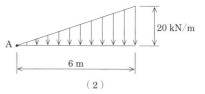

（2）

解答

（1）等分布荷重の合力 R は，四角形の面積に等しい．

$R = 6 \times 10 = 60\,\text{kN}$

また，合力は長方形の重心に作用するので

$x = 6\,\text{m} \times \dfrac{1}{2} = 3\,\text{m}$

（2）等変分布荷重の合力 R は，三角形の面積に等しい．

$R = 6 \times 20 \times \dfrac{1}{2} = 60\,\text{kN}$

また，重心は，A 点から $\dfrac{2}{3}$ の位置にあるから

$x = 6\,\text{m} \times \dfrac{2}{3} = 4\,\text{m}$

◆ 参考　三角形の重心 G の位置

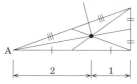

G（3つの中線の交点）

分布荷重

建築に作用する荷重は，主に集中荷重と分布荷重である．分布荷重には，等分布荷重と等変分布荷重がある．

これで納得！

合力 R を反対向きに作用させると，分布荷重とつりあい状態となる．

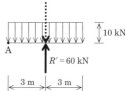

（1）合力 $R = 60\,\text{kN}$

（2）合力 $R = 60\,\text{kN}$

基本問題2

難易度 ★★☆

1章

図のような分布荷重が作用するとき，合力の大きさ R と A 点から荷重の合力の作用線までの距離 x を求めよ．

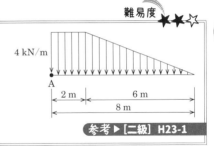

参考 ▶ ［二級］ H23-1

解答

図形を①＋②に分けて考える．全体の重心を G，それぞれの重心を G_1，G_2 とする．

それぞれの荷重は重心に作用する．

① 　4 kN/m×2 m
　　＝8 kN

② 　4 kN/m×6 m
　　$\times \dfrac{1}{2} = 12$ kN

合計 $R = ① + ②$
　　　＝20 kN

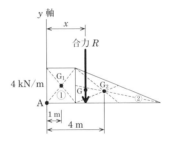

点 A からの距離 x は，バリニオンの定理より

$$20 \times x = 8 \times 1 + 12 \times 4$$
$$20x = 56 \qquad \therefore \quad x = 2.8 \text{ m}$$

これで納得！

合力 R を反対向きに作用させると，分布荷重とつりあい状態となる．

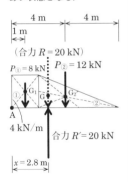

EXP UP！4

図のような分布荷重が作用するとき，合力の大きさ R と A 点から荷重の合力の作用線までの距離 x を求めよ．

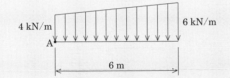

ヒント

台形は三角形と長方形に分割して考える．

さらに！▶ 演習問題 1・4

5 力の分解

基本問題1

図のような力 P を水平方向の力 P_X と鉛直方向の力 P_Y に分解したときの大きさを求めよ.

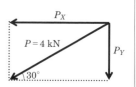

解答 比較法

隣に $30°$, $60°$ の直角三角形の三角比を描いて, 比較する.

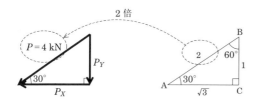

斜辺が2倍の関係になっているので, ほかの辺も2倍する.

$$P_X = \sqrt{3} \times 2 = +2\sqrt{3} \text{ kN}$$
$$P_Y = 1 \times 2 = +2 \text{ kN}$$

ここがポイント！

構造力学では,斜めの力は,水平方向の力と鉛直方向の力に分解して,つりあい方程式を立てる.

比較法
隣に基本三角形の三角比を描いて,既知の辺の比を利用して他の辺を求める.

基本問題 2

難易度 ★☆☆

図のような力 P を水平方向の力 P_X と鉛直方向の力 P_Y に分解したときの大きさを求めよ.

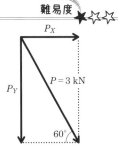

解 答

　隣に 30°, 60° の直角三角形の三角比を描いて, 比較する.

必ず覚える!
代表的な三角形

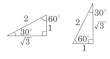

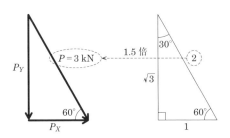

　斜辺が 1.5 倍の関係になっているので, 他の辺も 1.5 倍する.

$$P_X = 1 \times 1.5 = 1.5 \text{ kN}$$
$$P_Y = \sqrt{3} \times 1.5 = 1.5\sqrt{3} \text{ kN}$$

　図のような力 P を水平方向の力 P_X と鉛直方向の力 P_Y に分解したときの大きさを求めよ.

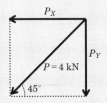

さらに!▶ 演習問題 1・5

011

6 力のつりあい（1）

基本問題1

図のような4つの力 P_1〜P_4 がつりあっているとき，P_1，P_3，P_4 の値を求めよ．

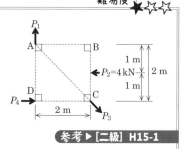

参考▶［二級］H15-1

解答

〈力のつりあい方程式〉

Step-1　水平方向の力のつりあい

Σ右向きの力＝Σ左向きの力

$$P_4 + \frac{P_3}{\sqrt{2}} = 4 \cdots (1)$$

Step-2　鉛直方向の力のつりあい

Σ上向きの力＝Σ下向きの力

$$P_1 = \frac{P_3}{\sqrt{2}} \cdots (2)$$

Step-3　モーメントのつりあい

P_1 と P_3 の交点 A をモーメントの中心とする．

Σ右回りのモーメント＝Σ左回りのモーメント

$4 \times 1 = P_4 \times 2$

$2P_4 = 4$

∴　$P_4 = +2\,\mathrm{kN}$

式（1）より　　$P_3 = +2\sqrt{2}\,\mathrm{kN}$

式（2）より　　$P_1 = +2\,\mathrm{kN}$

［答］$P_1 = +2\,\mathrm{kN}$，$P_3 = +2\sqrt{2}\,\mathrm{kN}$，$P_4 = +2\,\mathrm{kN}$

力のつりあいとは

次の（ⅰ）〜（ⅲ）の状態．
（ⅰ）水平方向に移動しない．
（ⅱ）鉛直方向に移動しない．
（ⅲ）回転しない．

ここがポイント！

斜めの力 P_3 は，水平方向の力 P_X と鉛直方向の力 P_Y に分解してから，力のつりあい方程式を適用する．

∴　$P_X = P_Y = \dfrac{P_3}{\sqrt{2}}$

モーメントの中心（P_1 と P_3 の交点 A）を画鋲で止める．

右回りのモーメント

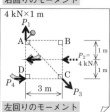

左回りのモーメント

$P_4 \times 2\,\mathrm{m}$

基本問題 2

難易度 ★☆☆

1 章

図のような四つの力 P_1〜P_4 がつり合っているとき，P_2 の値を求めよ．

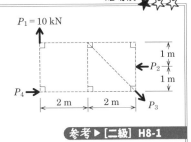

参考▶ [二級] H8-1

力のつりあい方程式

力のつりあいを物理的に説明した式を力のつりあい方程式といい，次の 3 つの式からなる．

(ⅰ)水平方向の力のつりあい

　Σ右向きの力
　＝Σ左向きの力

(右向きの力の合計と左向きの力の合計が等しい)

(ⅱ)鉛直方向の力のつりあい

　Σ上向きの力
　＝Σ下向きの力

(上向きの力の合計と下向きの力の合計が等しい)

(ⅲ)モーメントのつりあい

　Σ右回りのモーメント
　＝Σ左回りのモーメント

(右回りのモーメントの合計と左回りのモーメントの合計が等しい)

解答

P_2 だけ求めればよいので，P_3 と P_4 の交点を中心としてモーメントのつりあいをとる．

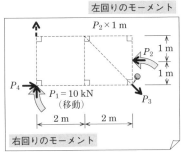

Step-1　モーメントのつりあい

（右回りのモーメント）＝（左回りのモーメント）

$$10 \times 4 = P_2 \times 1 \qquad \therefore \quad P_2 = +40\ \text{kN}$$

EXP UP! 6

図のような 4 つの力 P_1〜P_4 がつりあっているとき，P_4 の値を求めよ．

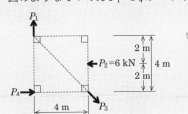

ヒント

P_4 だけ求めればよいので，力のつりあい方程式の 1 つだけを使って簡単に求める．

参考▶ [二級] H19-1

さらに！▶ 演習問題 1・6

7 力のつりあい (2)

難易度 ★★☆

基本問題 1

図のような平行な 3 つの力 P_1, P_2, P_3 につりあうように，A 線および B 線に作用させる力 P_A, P_B を求めよ.

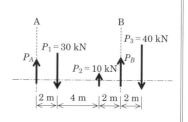

参考 ▶ [二級] H1-2

解答

〈力のつりあい方程式〉

Step-1　水平方向の力のつりあい

　Σ右向きの力＝Σ左向きの力

水平方向の力はなし

Step-2　鉛直方向の力のつりあい

　Σ上向きの力＝Σ下向きの力

$P_A + P_B + 10 = 30 + 40$　∴　$P_A + P_B = 60$ … (1)

Step-3　モーメントのつりあい

モーメントの中心を点 C とする（画鋲）.

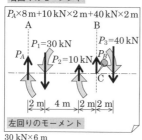

右回りのモーメント

$P_A \times 8\,\mathrm{m} + 10\,\mathrm{kN} \times 2\,\mathrm{m} + 40\,\mathrm{kN} \times 2\,\mathrm{m}$

左回りのモーメント

$30\,\mathrm{kN} \times 6\,\mathrm{m}$

　Σ右回りのモーメント＝Σ左回りのモーメント

$P_A \times 8 + 10 \times 2 + 40 \times 2 = 30 \times 6$

$8 P_A = 80$　∴　$P_A = +10\,\mathrm{kN}$

式 (1) より　$P_B = +50\,\mathrm{kN}$

この問題のねらい！

力のつりあいの問題である．平行な 3 つの力に，さらに 2 つの力を加えて互いにつりあうように，力のつりあい方程式で考える．

これで納得！

未知数が P_A, P_B と 2 つあり，一方の力（この場合は P_B）の作用線上をモーメントの中心（点 C）とすると，他方 P_A を求めることができる.

ここがポイント！

モーメントの中心を画鋲で止める．それから，1 つひとつの力が右回りのモーメントを発生させるのか左回りのモーメントを発生させるのかを確かめる.

基本問題2

図のような平行な3つの力 P_1, P_2, P_3 につりあうように，A線およびB線に作用する力 P_A, P_B を求めよ．

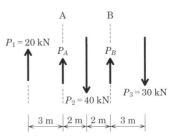

解答

力のつりあい方程式で考える．

<u>Step-1</u>　水平方向の力はなし

<u>Step-2</u>　鉛直方向の力のつりあい

　Σ 上向きの力 $=\Sigma$ 下向きの力

　$20 + P_A + P_B = 40 + 30$　　$\therefore$　$P_A + P_B = 50$ … (1)

<u>Step-3</u>　モーメントのつりあい

　Σ 右回りのモーメント $=\Sigma$ 左回りのモーメント

モーメントの中心を点Cとする（画鋲）．

　$20 \times 7 + P_A \times 4 + 30 \times 3 = 40 \times 2$

　$4 P_A = -150$　　$\therefore$　$P_A = -37.5$ kN

式 (1) より　　$P_B = +87.5$ kN

モーメントのつりあい

右回りのモーメント

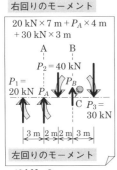

20 kN $\times 7$ m $+ P_A \times 4$ m $+ 30$ kN $\times 3$ m

左回りのモーメント

40 kN $\times 2$ m

EXP UP! 7

図のような平行な3つの力 P_1, P_2, P_3 につりあうように，A線およびB線に作用させる力 P_A, P_B を求めよ．

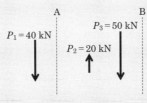

参考▶[二級] S60-5

さらに!▶演習問題1・7

8 偶力のモーメント

基本問題 1

難易度 ★☆☆

図のような平行な2つの力 P_1，P_2 による A，B，C の各点における偶力のモーメントの値 M_A，M_B，M_C を求めよ．

ただし，モーメントの符号は，右回りを正とする．

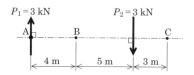

$P_1 = 3\,\text{kN}$　　　$P_2 = 3\,\text{kN}$

A　　B　　　C

4 m　5 m　3 m

参考▶[二級] H21-1

解答

偶力のモーメントは，どの位置においても，$M = P \times l$ で求めることができる．l は2つの力の距離，また，右回りなので符号は（＋）とする．

$$M_A = M_B = M_C = +3\,\text{kN} \times 9\,\text{m} = +27\,\text{kN·m}$$

別解

それぞれの点でモーメントを計算する．

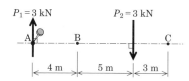

$P_1 = 3\,\text{kN}$　　　$P_2 = 3\,\text{kN}$

A　　B　　　C

4 m　5 m　3 m

（1）点 A を中心（画鋲）

∴ $M_A = +3\,\text{kN} \times 0\,\text{m} + 3\,\text{kN} \times 9\,\text{m} = +27\,\text{kN·m}$

（2）点 B を中心

∴ $M_B = +3\,\text{kN} \times 4\,\text{m} + 3\,\text{kN} \times 5\,\text{m} = +27\,\text{kN·m}$

（3）点 C を中心

∴ $M_C = +3\,\text{kN} \times 12\,\text{m} - 3\,\text{kN} \times 3\,\text{m} = +27\,\text{kN·m}$

偶　力

向きが反対で大きさが同じ一対の力を偶力という．

この場合，力はつりあってはおらず，右回りまたは左回りのモーメントを発生している．自動車のハンドルを回すときの両手のような力をイメージするとよい．

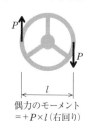

偶力のモーメント
$= +P \times l$（右回り）

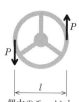

偶力のモーメント
$= -P \times l$（左回り）

基本問題2

図のような平行な2つの力 P_1, P_2 による A, B, C の各点におけるモーメントの値 M_A, M_B, M_C を求めよ.

ただし, モーメントの符号は, 時計回りを正とする.

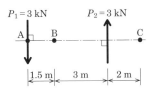

$P_1 = 3\,\text{kN}$　$P_2 = 3\,\text{kN}$

A　B　C

1.5 m　3 m　2 m

参考▶[二級] H11-1

解答

これで納得!
偶力は, 回転状態にある一組の力. どこを中心としてもモーメントの値は同じ.

ここがポイント!
一般に, 偶力は右回りを(+), 左回りを(−)とする.

偶力のモーメントは, どの位置においても同じである.

左回りなので符号は(−)とする.

$$M_A = M_B = M_C = -3\,\text{kN} \times (1.5\,\text{m} + 3\,\text{m})$$
$$= -3\,\text{kN} \times 4.5\,\text{m} = -13.5\,\text{kN·m}$$

EXP UP! 8

図のような平行な2つの力 P_1, P_2 による A, B, C の各点における偶力のモーメントの値 M_A, M_B, M_C を求めよ.

ただし, モーメントの符号は, 時計回りを正とする.

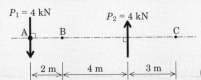

$P_1 = 4\,\text{kN}$　$P_2 = 4\,\text{kN}$

A　B　C

2 m　4 m　3 m

参考▶[二級] H18-1

さらに!▶演習問題 1·8

Exp Up! の解答

Exp Up! 1

まず，点 O から力 4 kN までの距離 l を求める．隣に基本三角形の三角比を描いて見比べる．

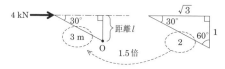

斜辺が 1.5 倍の関係になっているので，対応する辺を 1.5 倍して

$l = 1 \times 1.5 = 1.5$ m

よって，点 O に対する力のモーメントを M_O とすると，右回りなので（＋）を付けて

$M_O = +4 \times 1.5 = +6$ kN·m

Exp Up! 2

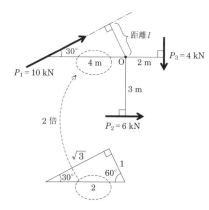

まず，点 O から $P_1 = 10$ N までの距離 l を求める．下に基本三角形の三角比を描いて見比べる．

斜辺が 2 倍の関係になっているので，対応する辺を 2 倍して

$l = 1 \times 2 = 2$ m

力 P_2，力 P_3 に対する距離は問題に図示してある．よって，モーメントの合計 ΣM を計算すると

$\Sigma M = +10 \times 2 - 6 \times 3 + 4 \times 2$

∴ $\Sigma M = +10$ N·m

Exp Up! 3

まず，合力の大きさは，
下向きに，$R = 3 + 5 = 8$ kN

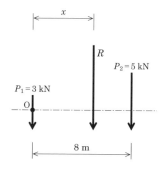

点 O からの距離 x は，バリニオンの定理より

合力のモーメント
＝Σ分力のモーメント

$8 \times x = 3 \times 0 + 5 \times 8$

$8x = 40$

∴ $x = 5$ m

Exp Up! 4

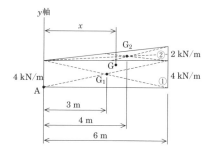

台形を①（長方形部分）と②（三角形部分）に分けて考える．

荷重の合計は台形の面積となる．

① $4 \text{ kN/m} \times 6 \text{ m} = 24 \text{ kN}$

② $2 \text{ kN/m} \times 6 \text{ m} \times \dfrac{1}{2} = 6 \text{ kN}$

合計 $P = ① + ② = 30 \text{ kN}$

また，全体の重心の位置を G とすると，バリニオンの定理より

（全体の面積）×（全体の重心 G までの距離）

$\quad =$（面積①）×（①の重心 G_1 までの距離）

$\qquad +$（面積②）

$\qquad \quad \times$（②の重心 G_2 までの距離）

全体の重心 G までの距離を x とすると，

$30 \times x = 24 \times 3 + 6 \times 4$

$30x = 96 \qquad \therefore \quad x = 3.2 \text{ m}$

Exp Up! 5

隣に $45°$ の直角三角形の三角比を描いて比較する．

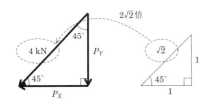

斜辺が $2\sqrt{2}$ 倍の関係になっているので，他の辺も $2\sqrt{2}$ 倍して，

$P_X = 1 \times 2\sqrt{2} = 2\sqrt{2} \text{ kN}$

$P_Y = 1 \times 2\sqrt{2} = 2\sqrt{2} \text{ kN}$

Exp Up! 6

P_4 だけ求めればよいので，P_1 と P_3 の交点を中心としてモーメントのつりあいをとる．

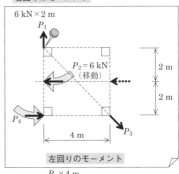

<u>Step-3</u>　モーメントのつりあい

（右回りのモーメント）

$\quad =$（左回りのモーメント）

より

$6 \times 2 = P_4 \times 4$

$4P_4 = 12$

$\therefore \quad P_4 = +3 \text{ kN}$

Exp Up! 7

図のように P_A，P_B を上向きに仮定して，力のつりあい方程式で考える．

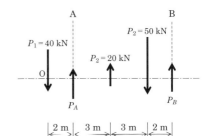

Step-1 水平方向の力のつりあい

Σ右向きの力＝Σ左向きの力

水平方向の力はなし

Step-2 鉛直方向の力のつりあい

Σ上向きの力＝Σ下向きの力

$P_A + P_B + 20 = 40 + 50$

∴ $P_A + P_B = 70$ ⋯（1）

Step-3 モーメントのつりあい

Σ右回りのモーメント

＝Σ左回りのモーメント

モーメントの中心を図の点Cとする（画鋲）.

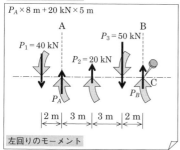

右回りのモーメント

$P_A × 8\,m + 20\,kN × 5\,m$

A　　　　B

$P_1 = 40\,kN$

$P_3 = 50\,kN$

$P_2 = 20\,kN$

P_A　　　　P_B　C

|2 m|3 m|3 m|2 m|

左回りのモーメント

$40\,kN × 10\,m + 50\,kN × 2\,m$

$P_A × 8 + 20 × 5 = 40 × 10 + 50 × 2$

$8\,P_A = 400$ ∴ $P_A = +50\,kN$

式（1）より $P_B = +20\,kN$

Exp Up! 8

偶力のモーメント $M = P × l$ で求める.

左回りなので符号は（−）となる.

$M_A = M_B = M_C = -4\,kN × 6\,m$

　　　$= -24\,kN \cdot m$

演習問題

演習問題 1・1 〉 力と力のモーメント

図のような力5 kN の O 点に対する力のモーメントの大きさを求めよ. ただし, モーメントの符号は, 右回りを正とする.

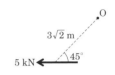

演習問題 1・2 〉 力のモーメントの合計

図のような3力の O 点に対する力のモーメントの合計を求めよ.

ただし, モーメントの符号は, 右回りを正とする.

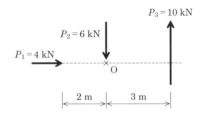

演習問題 1・3 〉 集中荷重の合力

図のような平行な力 $P_1 \sim P_3$ の合力 R の大きさと O 点から合力 R の作用線までの距離 x を求めよ.

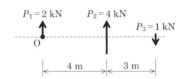

演習問題 1・4 〉 分布荷重の合力

図のような分布荷重が作用するとき, 合力の大きさ R と A 点から荷重の合力の作用線までの距離 x を求めよ.

[参考:二級・H2-1]

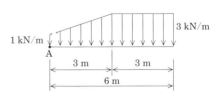

演習問題 1・5 〉 力の分解

図のような力 P を水平方向の力 P_X と鉛直方向の力 P_Y に分解したときの大きさを求めよ.

$P = 4\ \text{kN}$

5　4　3

演習問題 1・6 〉 力のつりあい（1）

図のような 4 つの力 $P_1 \sim P_4$ がつりあっているとき，P_2 の値を求めよ.

［参考：二級・H20-1］

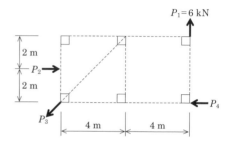

$P_1 = 6\ \text{kN}$
2 m
P_2
2 m
P_3
4 m　4 m
P_4

演習問題 1・7 〉 力のつりあい（2）

図のような平行な 3 つの力 P_1，P_2，P_3 につりあうように，A 線および B 線に作用させる力 P_A，P_B を求めよ. ただし，P_A は上向き，P_B は下向きに考える.

A　B
$P_1 = 4\ \text{kN}$　$P_3 = 3\ \text{kN}$
$P_2 = 2\ \text{kN}$
2 m　2 m　2 m　2 m

演習問題 1・8 〉 偶力のモーメント

図のような平行な 2 つの力 P_1，P_2 による A，B，C の各点における偶力のモーメントの値 M_A，M_B，M_C を求めよ. ただし，モーメントの符号は，時計回りを正とする.

［参考：二級・H6-1］

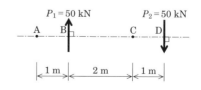

$P_1 = 50\ \text{kN}$　$P_2 = 50\ \text{kN}$
A　B　C　D
1 m　2 m　1 m

2章

反力の計算

　はりなどの骨組には支点があり，支点には骨組を支えるための反力が生じる．まず，単純ばりと片持ばりにさまざまな荷重が作用したときの反力について力のつりあい方程式を用いて計算する．計算に慣れたところで，簡単なトラスやラーメンの反力についても求める．

1 単純ばり＋集中荷重の反力（1）

基本問題 1

次のような集中荷重が作用する単純ばりの反力を求めよ.

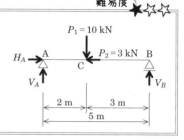

解答

〈力のつりあい方程式〉

Step-1　水平方向のつりあい

Σ（右向きの力）＝Σ（左向きの力）

∴　H_A ＝ ＋3 kN

Step-2　鉛直方向のつりあい

Σ（上向きの力）＝Σ（下向きの力）

$V_A + V_B = 10$ … （1）

Step-3　モーメントのつりあい

Σ（右回りのモーメント）＝Σ（左回りのモーメント）

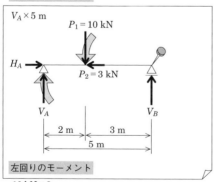

右回りのモーメント

$V_A \times 5$ m

左回りのモーメント

10 kN × 3 m

支点 B をモーメントの中心に考える（画鋲）.

$V_A \times 5 = 10 \times 3$,　$5 V_A = 30$　∴　V_A ＝ ＋6 kN

式（1）より　∴　V_B ＝ ＋4 kN

[答]　H_A ＝ ＋3 kN,　V_A ＝ ＋6 kN,　V_B ＝ ＋4 kN

ここがポイント！

単純ばりの反力はこの場合 H_A, V_A, V_B の3つ. これを3つの力のつりあい方程式で求める！

ここがポイント！

問題用紙のモーメントの中心を画鋲で止めて考える. この問題では, 右回りのモーメント（$V_A \times 5$ m）と左回りのモーメント（10 kN × 3 m）がつりあっている.

これで納得！

P_2, H_A, V_B は, 力の作用線がモーメントの中心（画鋲）を通過しているので, モーメントが発生しない.

基本問題 2

　図のような集中荷重が作用する単純ばりの
反力を求めよ.

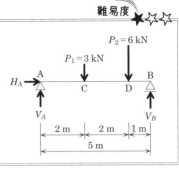

モーメントのつりあい

左回りのモーメント

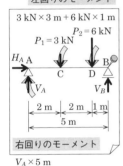

右回りのモーメント

$V_A \times 5\,\text{m}$

解答

〈**力のつりあい方程式**〉

Step-1　水平方向のつりあい

　∴　$H_A = 0$

Step-2　鉛直方向のつりあい

　$V_A + V_B = 3 + 6$

　$V_A + V_B = 9$　…（1）

Step-3　モーメントのつりあい

支点 B をモーメントの中心に考える（画鋲）.

　$V_A \times 5 = 3 \times 3 + 6 \times 1$

　$5\,V_A = 15$

　∴　$V_A = +3\,\text{kN}$

式（1）より

　∴　$V_B = +6\,\text{kN}$

［答］　$H_A = 0,\ V_A = +3\,\text{kN},\ V_B = +6\,\text{kN}$

EXP UP! 1

　次のような集中荷重が作用する単純ばりの反力を求めよ.

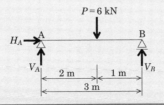

さらに！▶ 演習問題 2·1

2 単純ばり＋集中荷重の反力（2）

基本問題 1

図のような集中荷重が作用する単純ばりの反力を求めよ.

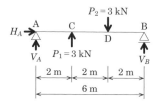

参考 ▶ [二級] H13-4

解答

〈力のつりあい方程式〉

Step-1 水平方向のつりあい

Σ(右向きの力) $=\Sigma$(左向きの力)

$\therefore\ H_A = 0$

Step-2 鉛直方向のつりあい

Σ(上向きの力) $=\Sigma$(下向きの力)

$V_A + 3 + V_B = 3$

$V_A + V_B = 0\ \cdots\ (1)$

Step-3 モーメントのつりあい

Σ(右回りのモーメント) $=\Sigma$(左回りのモーメント)

支点 B をモーメントの中心に考える（画鋲）.

$V_A \times 6 + 3 \times 4 = 3 \times 2$

$6\,V_A = -6$

$\therefore\ V_A = -1\ \mathrm{kN}$

式（1）より

$\therefore\ V_B = +1\ \mathrm{kN}$

[答] $H_A = 0,\ V_A = -1\ \mathrm{kN},\ V_B = +1\ \mathrm{kN}$

モーメントのつりあい

左回りのモーメント

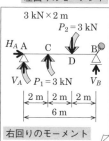

右回りのモーメント

$V_A \times 6\ \mathrm{m} + 3\ \mathrm{kN} \times 4\ \mathrm{m}$

これで納得！

$V_A = -1\ \mathrm{kN}$ のように（－）の答えの場合は, 反力の仮定とは逆向きに正（＋）の力が生じている.

$\therefore$ 上向きに $-1\ \mathrm{kN}$
　　　$=$ 下向きに $+1\ \mathrm{kN}$

基本問題2

図のような集中荷重が作用する単純ばりの反力を求めよ.

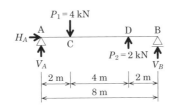

参考 ▶［二級］H22-4

2章

解 答

〈力のつりあい方程式〉

Step-1　水平方向のつりあい

∴　$H_A = 0$

Step-2　鉛直方向のつりあい

$V_A + 2 + V_B = 4$

$V_A + V_B = 2$　…（1）

Step-3　モーメントのつりあい

支点 B をモーメントの中心に考える（画鋲）.

$V_A \times 8 + 2 \times 2 = 4 \times 6, \quad 8V_A = 20$

∴　$V_A = +2.5\ \text{kN}$

式（1）より　　∴　$V_B = -0.5\ \text{kN}$

［答］　$H_A = 0,\ V_A = +2.5\ \text{kN},\ V_B = -0.5\ \text{kN}$

モーメントのつりあい

左回りのモーメント

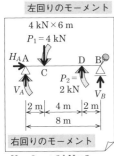

4 kN×6 m

右回りのモーメント

$V_A \times 8\ \text{m} + 2\ \text{kN} \times 2\ \text{m}$

Exp Up! 2

図のような集中荷重が作用する単純ばりの反力を求めよ.

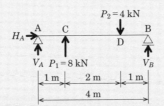

さらに！▶ 演習問題 2・2

3 片持ばり＋集中荷重の反力

基本問題 1

次のような集中荷重が作用する片持ばりの反力を求めよ.

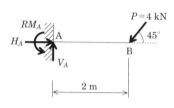

解答

斜めに作用する荷重は，水平方向の荷重 P_X と鉛直方向の荷重 P_Y に分解して考える.

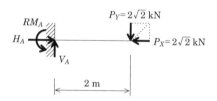

〈力のつりあい方程式〉

Step-1　水平方向のつりあい

　$\Sigma(右向きの力) = \Sigma(左向きの力)$

　∴　$H_A = +2\sqrt{2}$ kN

Step-2　鉛直方向のつりあい

　$\Sigma(上向きの力) = \Sigma(下向きの力)$

　∴　$V_A = +2\sqrt{2}$ kN

Step-3　モーメントのつりあい

　$\Sigma(右回りのモーメント) = \Sigma(左回りのモーメント)$

支点 A を中心に考える（画鋲）.

$2\sqrt{2} \times 2 = RM_A$

　∴　$RM_A = +4\sqrt{2}$ kN·m

[答]　$H_A = +2\sqrt{2}$ kN, $V_A = +2\sqrt{2}$ kN

　　　$RM_A = +4\sqrt{2}$ kN·m

これが基本！

片持ばりの反力は3つ. これを力のつりあい方程式で求める！

斜めの力の分解

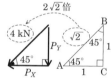

対応する各辺を $2\sqrt{2}$ 倍する.

　∴　$P_X = P_Y = 1 \times 2\sqrt{2}$
　　　$= 2\sqrt{2}$ kN

モーメントのつりあい

右回りのモーメント

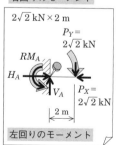

左回りのモーメント

RM_A

基本問題2　難易度 ★☆☆

次のような集中荷重が作用する片持ばりの反力を求めよ.

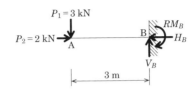

2章

解答

〈力のつりあい方程式〉

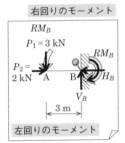

右回りのモーメント

左回りのモーメント

$3\,\mathrm{kN}\times3\,\mathrm{m}$

Step-1　水平方向のつりあい

$2 = H_B$

∴　$H_B = +2\,\mathrm{kN}$

Step-2　鉛直方向のつりあい

∴　$V_B = +3\,\mathrm{kN}$

Step-3　モーメントのつりあい

支点 B をモーメントの中心に考える（画鋲）.

$RM_B = 3\times3$

∴　$RM_B = +9\,\mathrm{kN\cdot m}$

［答］　$H_B = +2\,\mathrm{kN}$,　$V_B = +3\,\mathrm{kN}$,

$RM_B = +9\,\mathrm{kN\cdot m}$

EXP UP! 3

次のような集中荷重が作用する片持ばりの反力を求めよ.

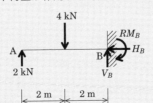

さらに ▶ 演習問題 2・3

4 等分布荷重が作用するはりの反力

難易度 ★☆☆

基本問題 1

図のような単純ばりに等分布荷重 $w = 2\,\text{kN/m}$ が作用したときの反力を求めよ.

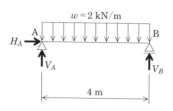

解答

等分布荷重 $w = 2\,\text{kN/m}$ の合計を集中荷重 P とし, 分布範囲の中央に作用させて反力を計算する.

等分布荷重の合計 $P = 2\,\text{kN/m} \times 4\,\text{m} = 8\,\text{kN}$

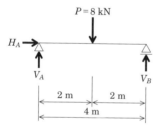

〈力のつりあい方程式〉

Step-1　水平方向のつりあい

$\therefore \quad H_A = 0$

Step-2　鉛直方向のつりあい

$V_A + V_B = 8 \quad \cdots (1)$

Step-3　モーメントのつりあい

支点 B を中心に考える（画鋲）.

$V_A \times 4 = 8 \times 2$

$4\,V_A = 16$

$\therefore \quad V_A = +4\,\text{kN}$

式 (1) より　　$\therefore \quad V_B = +4\,\text{kN}$

[答]　$H_A = 0,\ V_A = +4\,\text{kN},\ V_B = +4\,\text{kN}$

ここがポイント！

$w = 2\,\text{kN/m}$ は, 1 m 当り 2 kN の連続した荷重である. 4 m では 4 倍して 8 kN となる.

合計 $= 2\,\text{kN/m} \times 4\,\text{m} = 8\,\text{kN}$

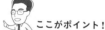

モーメントのつりあい

右回りのモーメント

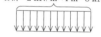
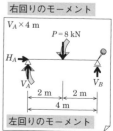

$V_A \times 4\,\text{m}$

左回りのモーメント

$8\,\text{kN} \times 2\,\text{m}$

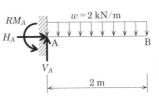

基本問題 2

難易度 ★☆☆

図のような片持ばりに等分布荷重 $w=2\,\mathrm{kN/m}$ が作用したときの反力を求めよ.

解答

等分布荷重 w の合計を集中荷重 P とし,分布範囲の中央点 C に作用させる.

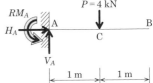

$$P = 2\,\mathrm{kN/m} \times 2\,\mathrm{m}$$
$$= 4\,\mathrm{kN}$$

〈力のつりあい方程式〉

<u>Step-1</u> 水平方向のつりあい

∴ $H_A = 0$

<u>Step-2</u> 鉛直方向のつりあい

∴ $V_A = +4\,\mathrm{kN}$

<u>Step-3</u> モーメントのつりあい

支点 A をモーメントの中心に考える(画鋲).

$$4 \times 1 = RM_A$$

∴ $RM_A = +4\,\mathrm{kN \cdot m}$

[答] $H_A = 0$, $V_A = +4\,\mathrm{kN}$, $RM_A = +4\,\mathrm{kN \cdot m}$

モーメントのつりあい

右回りのモーメント

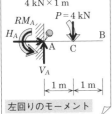

左回りのモーメント

RM_A

EXP UP! 4

図のような単純ばりの反力を求めよ.

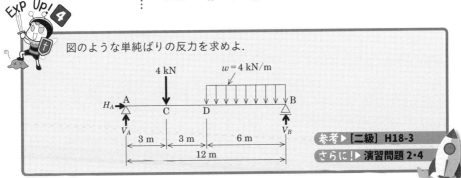

参考▶[二級] H18-3

さらに!▶演習問題 2・4

基本問題 1

難易度 ★★☆

図のような張り出しばりの反力を
求めよ.

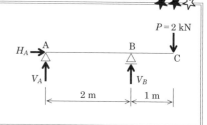

解答

〈力のつりあい方程式〉

Step-1 水平方向のつりあい

∴ $H_A = 0$

Step-2 鉛直方向のつりあい

∴ $V_A + V_B = 2$ … (1)

Step-3 モーメントのつりあい

支点 B を中心に考える（画鋲）.

$V_A \times 2 + 2 \times 1 = 0$ $2V_A + 2 = 0$

∴ $V_A = -1$ kN

式 (1) より   ∴ $V_B = +3$ kN

モーメントのつりあい

右回りのモーメント

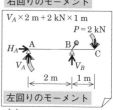

$V_A \times 2\,\text{m} + 2\,\text{kN} \times 1\,\text{m}$

左回りのモーメント

なし

計算結果の検証

$H_A = 0$ は, 図
では省略する.

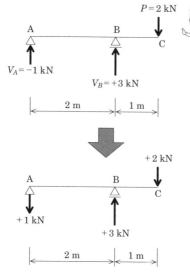

ここがポイント！

V_A の反力が負の値で求め
られた場合, 実際に向きは
反対である. 向きと大きさ
を描き直すと右図のように
なる.

上向きに -1 kN

= 下向きに $+1$ kN

さらに発展！

浮き上がることを見越し
て, 最初から V_A を下向き
に仮定することもできる.

基本問題 2

図のような張り出しばりの反力を
求めよ.

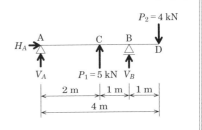

参考▶[二級] H10-4

解答

〈**力のつりあい方程式**〉

<u>Step-1</u>　水平方向のつりあい

　　∴　$H_A = 0$

<u>Step-2</u>　鉛直方向のつりあい

　　$V_A + 5 + V_B = 4$

　　$V_A + V_B = -1$　…（1）

<u>Step-3</u>　モーメントのつりあい

支点 B をモーメントの中心に考える（画鋲）.

　　$V_A \times 3 + 5 \times 1 + 4 \times 1 = 0$

　　$3V_A = -9$

　　∴　$V_A = -3$ kN

　式（1）より　　∴　$V_B = +2$ kN

［答］　$H_A = 0$,　$V_A = -3$ kN,　$V_B = +2$ kN

モーメントのつりあい

左回りのモーメント

なし

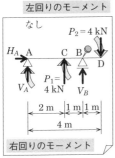

右回りのモーメント

$V_A \times 4\,\mathrm{m} + 4\,\mathrm{kN} \times 1\,\mathrm{m}$
$+ 4\,\mathrm{kN} \times 1\,\mathrm{m}$

EXP UP! 5

次の張り出しばりの反力を求めよ.

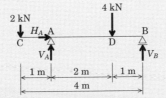

参考▶[二級] H15-4

さらに!▶演習問題 2・5

6 等変分布荷重が作用するはりの反力

基本問題 1

難易度 ★★☆

図のような分布荷重を受ける単純ばりの反力を求めよ.

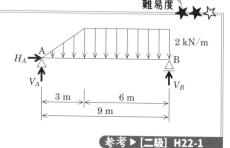

参考 ▶ [二級] H22-1

解答

分布荷重を①と②に分けて集中荷重に置き換える.

① $2\ \text{kN/m} \times 3\ \text{m} \times \dfrac{1}{2} = 3\ \text{kN}$

② $2\ \text{kN/m} \times 6\ \text{m} = 12\ \text{kN}$

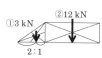

モーメントのつりあい

右回りのモーメント

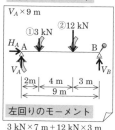

〈集中荷重に置き換えた図〉

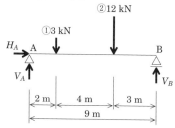

左回りのモーメント

$3\ \text{kN} \times 7\ \text{m} + 12\ \text{kN} \times 3\ \text{m}$

〈**力のつりあい方程式**〉

Step-1 水平方向のつりあい

∴ $H_A = 0$

Step-2 鉛直方向のつりあい

$V_A + V_B = 3 + 12$

∴ $V_A + V_B = 15$ … (1)

Step-3 モーメントのつりあい

支点 B を中心に考える (画鋲).

$V_A \times 9 = 3 \times 7 + 12 \times 3$　　$9\,V_A = 57$

∴ $V_A = +6.33\ \text{kN}$

式 (1) より　　∴ $V_B = +8.67\ \text{kN}$

[答] $H_A = 0,\ V_A = +6.33\ \text{kN},\ V_B = +8.67\ \text{kN}$

基本問題 2

図のような等変分布荷重を受ける単純ばりの反力を求めよ.

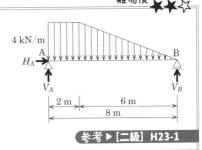

4 kN/m

H_A　A　B

V_A　　V_B

2 m　6 m

8 m

参考 ▶ [二級] H23-1

これで納得！

分布荷重を①と②に分けて集中荷重に置き換える.

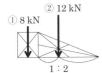

② 12 kN

① 8 kN

1：2

① $4\,\text{kN/m} \times 2\,\text{m} = 8\,\text{kN}$

② $4\,\text{kN/m} \times 6\,\text{m} \times \dfrac{1}{2} = 12\,\text{kN}$

モーメントのつりあい

左回りのモーメント

$8\,\text{kN} \times 7\,\text{m} + 12\,\text{kN} \times 4\,\text{m}$

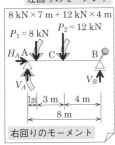

$P_1 = 8\,\text{kN}$　$P_2 = 12\,\text{kN}$

H_A A　C　B

V_A　　V_B

1m　3 m　4 m

8 m

右回りのモーメント

$V_A \times 8\,\text{m}$

解答

〈集中荷重に置き換えた図〉

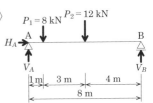

$P_1 = 8\,\text{kN}$　$P_2 = 12\,\text{kN}$

H_A A　B

V_A　　V_B

1m　3 m　4 m

8 m

〈力のつりあい方程式〉

<u>Step-1</u>　水平方向のつりあい

$\therefore\ H_A = 0$

<u>Step-2</u>　鉛直方向のつりあい

$V_A + V_B = 8 + 12$

$V_A + V_B = 20 \ \cdots\ (1)$

<u>Step-3</u>　モーメントのつりあい

支点 B をモーメントの中心に考える（画鋲）.

$V_A \times 8 = 8 \times 7 + 12 \times 4$

$8V_A = 104 \quad \therefore\ V_A = +13\,\text{kN}$

式 (1) より　　$\therefore\ V_B = +7\,\text{kN}$

[答]　$H_A = 0,\ V_A = +13\,\text{kN},\ V_B = +7\,\text{kN}$

Exp Up! 6

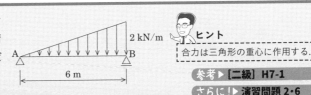

図のような等変分布荷重を受ける単純ばりの反力を求めよ.

2 kN/m

A　　　B

6 m

ヒント

合力は三角形の重心に作用する.

参考 ▶ [二級] H7-1

さらに！▶ 演習問題 2・6

基本問題 1

図のようなモーメント荷重を受ける単純ばりの反力を求めよ.

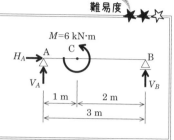

解答

〈力のつりあい方程式〉

Step-1　水平方向のつりあい　　∴ $H_A = 0$

Step-2　鉛直方向のつりあい

∴ $V_A + V_B = 0$ … (1)

Step-3　モーメントのつりあい

支点 B を中心に考える（画鋲）.

$V_A \times 3 = 6$（モーメント荷重）

∴ $V_A = +2\,\mathrm{kN}$

式 (1) より　　∴ $V_B = -2\,\mathrm{kN}$

V_B が負の値で求められたので, 仮定の向きが反対であったことがわかる.

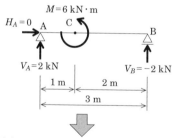

〈実際の反力〉

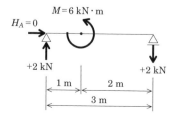

これが基本！

モーメント荷重は, 水平方向の荷重でも鉛直方向の荷重でもないので, 水平および鉛直方向のつりあい計算には算入しない.

ここがポイント！

モーメント荷重はモーメントの中心に考える点(画鋲)に移動して考えてよい.

右回りのモーメント

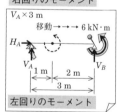

左回りのモーメント

$6\,\mathrm{kN \cdot m}$

さらに発展！

左回りのモーメント荷重 $M = 6\,\mathrm{kN \cdot m}$ に対して, 反力が右回りの偶力（＝$2\,\mathrm{kN} \times 3\,\mathrm{m}$ ＝$6\,\mathrm{kN \cdot m}$）となって抵抗しているとも考えられる.

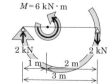

基本問題 2

図のようなモーメント荷重を受ける単純ばりの反力を求めよ.

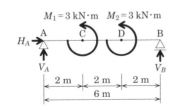

参考 ▶ [二級] S55-21

モーメントのつりあい

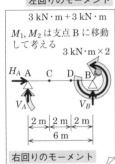

左回りのモーメント

$3\ \mathrm{kN \cdot m} + 3\ \mathrm{kN \cdot m}$

M_1, M_2 は支点 B に移動して考える

$3\ \mathrm{kN \cdot m} \times 2$

右回りのモーメント

$V_A \times 6\ \mathrm{m}$

解 答

〈力のつりあい方程式〉

Step-1　水平方向のつりあい

$\quad \therefore \quad H_A = 0$

Step-2　鉛直方向のつりあい

$\quad V_A + V_B = 0 \ \cdots \ (1)$

Step-3　モーメントのつりあい

支点 B をモーメントの中心に考える（画鋲）.

$\quad V_A \times 6 = 3 + 3$

$\quad 6\,V_A = 6$

$\quad \therefore \quad V_A = +1\ \mathrm{kN}$

式（1）より　　$\therefore \quad V_B = -1\ \mathrm{kN}$

[答] $H_A = 0,\ V_A = +1\ \mathrm{kN},\ V_B = -1\ \mathrm{kN}$

EXP UP! 7

図のようなモーメント荷重を受ける単純ばりの反力を求めよ.

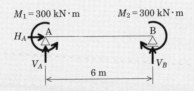

参考 ▶ [二級] H17-4

さらに！▶ 演習問題 2·7

8 単純ばりラーメンの反力

難易度 ★★☆

基本問題 1

図のような単純ばりラーメンの
反力を求めよ.

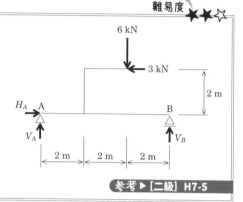

参考▶【二級】H7-5

解答

〈力のつりあい方程式〉

Step-1　水平方向のつりあい　　∴　$H_A = +3\,\text{kN}$

Step-2　鉛直方向のつりあい

∴　$V_A + V_B = 6\,\text{kN}$ … (1)

Step-3　モーメントのつりあい

右回りのモーメント

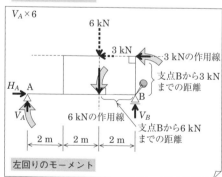

$V_A \times 6$

左回りのモーメント

$6\,\text{kN} \times 2\,\text{m} + 3\,\text{kN} \times 2\,\text{m}$

支点 B を中心に考える（画鋲）.

$V_A \times 6 = 6 \times 2 + 3 \times 2$　　$6\,V_A = 18$

∴　$V_A = +3\,\text{kN}$

式 (1) より　　∴　$V_B = +3\,\text{kN}$

[答]　$H_A = +3\,\text{kN}$,　$V_A = +3\,\text{kN}$,　$V_B = +3\,\text{kN}$

ラーメン
剛節点を持つ骨組をラーメンという（7章以降で詳細に学ぶ）.

ここがポイント！
支点が単純ばりと同様の単純ばりラーメンでは，つりあい方程式で反力を求めることができる.

基本問題 2

難易度 ★★☆

図のような単純ばりラーメンの反力を求めよ.

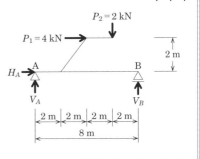

参考 ▶ [二級] H12-5

モーメントのつりあい

左回りのモーメント

$2\,\text{kN} \times 2\,\text{m}$

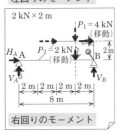

右回りのモーメント

$V_A \times 8\,\text{m} + 4\,\text{kN} \times 2\,\text{m}$

解答

〈力のつりあい方程式〉

Step-1　水平方向のつりあい

$$H_A + 4 = 0 \quad \therefore \quad H_A = -4\,\text{kN}$$

Step-2　鉛直方向のつりあい

$$V_A + V_B = 2 \cdots (1)$$

Step-3　モーメントのつりあい（左図）

支点 B をモーメントの中心に考える（画鋲）.

$$V_A \times 8 + 4 \times 2 = 2 \times 2 \quad \therefore \quad V_A = -0.5\,\text{kN}$$

式（1）より　　$\therefore \quad V_B = +2.5\,\text{kN}$

［答］　$H_A = -4\,\text{kN},\ V_A = -0.5\,\text{kN},\ V_B = +2.5\,\text{kN}$

EXP UP! 8

図のような荷重を受ける単純ばりラーメンの反力を求めよ.

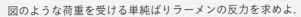
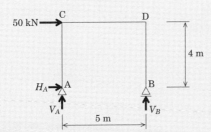

参考 ▶ [二級] H5-5
さらに! ▶ 演習問題 2・8

9 静定トラスの反力

基本問題 1

難易度 ★★☆

図のような静定トラスの反力を求めよ.

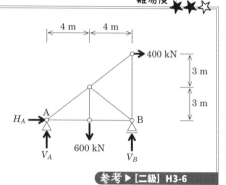

参考▶[二級] H3-6

解答

〈力のつりあい方程式〉

Step-1　水平方向のつりあい

$H_A + 400 = 0$　　∴　$H_A = -400$ kN

Step-2　鉛直方向のつりあい

∴　$V_A + V_B = 600$ …（1）

Step-3　モーメントのつりあい

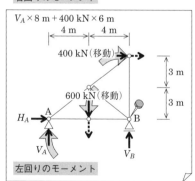

右回りのモーメント

$V_A × 8$ m $+ 400$ kN $× 6$ m

600 kN（移動）

400 kN（移動）

左回りのモーメント

600 kN $× 4$ m

支点 B を中心に考える（画鋲）.

$V_A × 8 + 400 × 6 = 600 × 4,$　$8 V_A = 0$　　∴　$V_A = 0$

式（1）より　　∴　$V_B = +600$ kN

[答]　$H_A = -400$ kN,　$V_A = 0$ kN,　$V_B = +600$ kN

トラス
各節点がピンで, 三角形を基本単位とする骨組をトラスという（8章以降で詳細に学ぶ）.

静定
つりあい方程式で反力が求められる骨組を静定という（詳細は 9 章 1 節で学ぶ）.

ここがポイント！
支点が単純ばりと同様の静定トラスでは, つりあい方程式で反力を求めることができる.

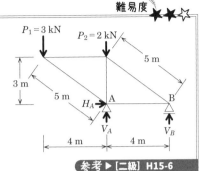

基本問題2

図のような静定トラスの反力を求めよ.

$P_1 = 3\ \mathrm{kN}$　$P_2 = 2\ \mathrm{kN}$

5 m

3 m

5 m

H_A　A　B

V_A　V_B

4 m　4 m

2章

参考 ▶ [二級] H15-6

モーメントのつりあい

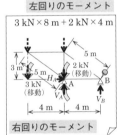

左回りのモーメント

$3\ \mathrm{kN} \times 8\ \mathrm{m} + 2\ \mathrm{kN} \times 4\ \mathrm{m}$

5 m

3 m　5 m　2 kN（移動）

3 kN（移動）　H_A　B

V_B

4 m　4 m

右回りのモーメント

$V_A \times 8\ \mathrm{m}$

解答

〈力のつりあい方程式〉

Step-1　水平方向のつりあい

　∴　$H_A = 0$

Step-2　鉛直方向のつりあい

　$V_A + V_B = 3 + 2$　　$V_A + V_B = 5$ … （1）

Step-3　モーメントのつりあい

支点Bをモーメントの中心に考える（画鋲）.

　$V_A \times 4 = 3 \times 8 + 2 \times 4$　　$4\,V_A = 32$

　∴　$V_A = +8\ \mathrm{kN}$

式（1）より　　∴　$V_B = -3\ \mathrm{kN}$

［答］　$H_A = 0,\ V_A = +8\ \mathrm{kN},\ V_B = -3\ \mathrm{kN}$

EXP UP! 9

図のような荷重を受ける静定トラスの反力を求めよ.

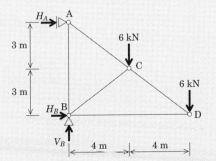

H_A　A

3 m

6 kN

C

3 m

6 kN

H_B　B

D

V_B

4 m　4 m

ヒント

支点の向きに注意して
反力を仮定している.

参考 ▶ [二級] H20-7

さらに！▶ 演習問題 2・9

Exp Up! の解答

Exp Up! 1

〈力のつりあい方程式〉

Step-1　水平方向のつりあい

$\therefore\ H_A = 0$

Step-2　鉛直方向のつりあい

$V_A + V_B = 6 \cdots (1)$

Step-3　モーメントのつりあい

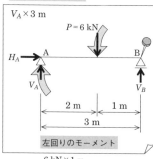

右回りのモーメント

$V_A \times 3$ m

$P = 6$ kN

左回りのモーメント

6 kN × 1 m

支点 B を中心に考える（画鋲）.

$V_A \times 3 = 6 \times 1$

$3 V_A = 6$

$\therefore\ V_A = +2$ kN

式（1）より

$\therefore\ V_B = +4$ kN

[答] $H_A = 0$,　$V_A = +2$ kN,　$V_B = +4$ kN

Exp Up! 2

〈力のつりあい方程式〉

Step-1　水平方向のつりあい

$\therefore\ H_A = 0$

Step-2　鉛直方向のつりあい

$V_A + 8 + V_B = 4$

$V_A + V_B = -4 \cdots (1)$

Step-3　モーメントのつりあい

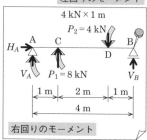

左回りのモーメント

4 kN × 1 m

$P_2 = 4$ kN

右回りのモーメント

$V_A \times 4$ m + 8 kN × 3 m

支点 B を中心に考える（画鋲）.

$V_A \times 4 + 8 \times 3 = 4 \times 1$　　$4 V_A = -20$

$\therefore\ V_A = -5$ kN

式（1）より　　$\therefore\ V_B = +1$ kN

[答] $H_A = 0$,　$V_A = -5$ kN,

　　　$V_B = +1$ kN

Exp Up! 3

〈力のつりあい方程式〉

Step-1　水平方向のつりあい

$0 = H_B$

$\therefore\ H_B = 0$

Step-2　鉛直方向のつりあい

$V_B + 2 = 4$

$\therefore\ V_B = +2$ kN

Step-3　モーメントのつりあい

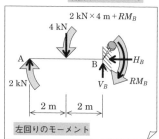

右回りのモーメント

2 kN × 4 m + RM_B

4 kN

2 kN

左回りのモーメント

4 kN × 2 m

支点 B を中心に考える（画鋲）．

$2 \times 4 + RM_B = 4 \times 2$

$\therefore \quad RM_B = 0$

[答] $H_B = 0$, $V_B = +2$ kN, $RM_B = 0$

Exp Up! 4

等分布荷重の合計 $P = 4$ kN/m $\times 6$ m

$\qquad\qquad\qquad = 24$ kN

これを分布範囲の中央 E に集中荷重
として作用させる．

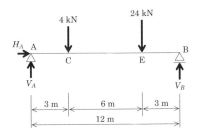

〈力のつりあい方程式〉

Step-1　水平方向のつりあい

$\therefore \quad H_A = 0$

Step-2　鉛直方向のつりあい

$V_A + V_B = 4 + 24$

$\therefore \quad V_A + V_B = 28$ … (1)

Step-3　モーメントのつりあい

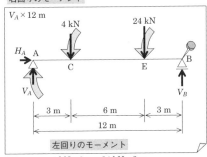

4 kN $\times 9$ m $+ 24$ kN $\times 3$ m

支点 B を中心に考える（画鋲）．

$V_A \times 12 = 4 \times 9 + 24 \times 3 \qquad 12\,V_A = 108$

$\therefore \quad V_A = +9$ kN

式 (1) より $\qquad \therefore \quad V_B = +19$ kN

[答] $H_A = 0$, $V_A = +9$ kN

$\qquad V_B = +19$ kN

Exp Up! 5

〈力のつりあい方程式〉

Step-1　水平方向のつりあい

$\therefore \quad H_A = 0$

Step-2　鉛直方向のつりあい

$V_A + V_B = 2 + 4$

$\therefore \quad V_A + V_B = 6$ … (1)

Step-3　モーメントのつりあい

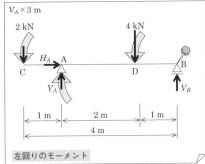

2 kN $\times 4$ m $+ 4$ kN $\times 1$ m

支点 B を中心に考える（画鋲）．

$V_A \times 3 = 2 \times 4 + 4 \times 1 \qquad 3\,V_A = 12$

$\therefore \quad V_A = +4$ kN

式 (1) より $\qquad \therefore \quad V_B = +2$ kN

[答] $H_A = 0$, $V_A = +4$ kN, $V_B = +2$ kN

Exp Up! 6

等変分布荷重の合計は,

$$P = 2\ \text{kN/m} \times 6\ \text{m} \times \frac{1}{2} = 6\ \text{kN}$$

三角形の重心は, 頂点から 2：1 のところにあり, 支点 A から 4 m の点 C に作用する.

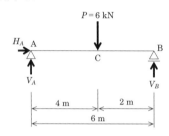

Step-1　水平方向のつりあい

$\therefore\ H_A = 0$

Step-2　鉛直方向のつりあい

$V_A + V_B = 6\ \cdots\ (1)$

Step-3　モーメントのつりあい

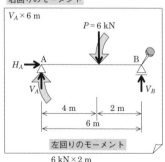

支点 B を中心に考える（画鋲）.

$V_A \times 6 = 6 \times 2$　　$6\,V_A = 12$

$\therefore\ V_A = 2\ \text{kN}$

式（1）より　　$\therefore\ V_B = 4\ \text{kN}$

［答］$H_A = 0,\ V_A = +2\ \text{kN},\ V_B = +4\ \text{kN}$

Exp Up! 7

〈力のつりあい方程式〉

モーメント荷重は, 水平方向および鉛直方向のつりあいの計算には算入しない.

Step-1　水平方向のつりあい

$\Sigma(右向きの力) = \Sigma(左向きの力)$

$\therefore\ H_A = 0$

Step-2　鉛直方向のつりあい

$\therefore\ V_A + V_B = 0\ \cdots\ (1)$

Step-3　モーメントのつりあい

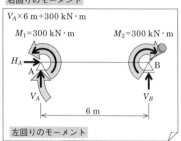

支点 B を中心に考える（画鋲）.

また, M_1 は支点 B に移動して考える.

$V_A \times 6 + 300 = 300$　　$6\,V_A = 0$

$\therefore\ V_A = 0$

式（1）より　　$\therefore\ V_B = 0$

［答］$H_A = 0,\ V_A = 0,\ V_B = 0$

（右回りのモーメント荷重 300 kN·m と左回りのモーメント荷重 300 kN·m が打ち消し合っていて, 水平荷重および鉛直荷重のいずれも発生していない.）

Exp Up! 8

〈力のつりあい方程式〉

Step-1　水平方向のつりあい

$H_A + 50 = 0$　　$\therefore$　$H_A = -50$ kN

Step-2　鉛直方向のつりあい

$\therefore$　$V_A + V_B = 0$ … (1)

Step-3　モーメントのつりあい

右回りのモーメント

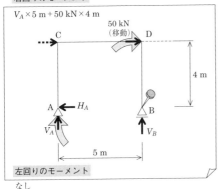

$V_A \times 5\,\mathrm{m} + 50\,\mathrm{kN} \times 4\,\mathrm{m}$

左回りのモーメント

なし

支点 B を中心に考える（画鋲）．

$V_A \times 5 + 50 \times 4 = 0$

$\therefore$　$V_A = -40$ kN

式 (1) より　$\therefore$　$V_B = 40$ kN

[答] $H_A = -50$ kN, $V_A = -40$ kN,

　　　$V_B = +40$ kN

Exp Up! 9

〈力のつりあい方程式〉

Step-1　水平方向のつりあい

$\therefore$　$H_A + H_B = 0$ … (1)

Step-2　鉛直方向のつりあい

$V_B = 6 + 6$　　$\therefore$　$V_B = +12$ kN

Step-3　モーメントのつりあい

右回りのモーメント

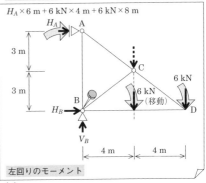

$H_A \times 6\,\mathrm{m} + 6\,\mathrm{kN} \times 4\,\mathrm{m} + 6\,\mathrm{kN} \times 8\,\mathrm{m}$

左回りのモーメント

なし

支点 B を中心に考える（画鋲）．

$H_A \times 6 + 6 \times 4 + 6 \times 8 = 0$

$6\,H_A = -72$

$\therefore$　$H_A = -12$ kN

式 (1) より　　$\therefore$　$H_B = +12$ kN

[答] $H_A = -12$ kN, $H_B = +12$ kN

　　　$V_B = +12$ kN

演習問題

演習問題 2・1 単純ばり＋集中荷重の反力 (1)

次のような集中荷重が作用する単純ばりの反力を求めよ．

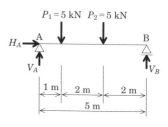

演習問題 2・2 単純ばり＋集中荷重の反力 (2)

図のような集中荷重が作用する単純ばりの反力を求めよ．

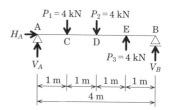

演習問題 2・3 片持ばり＋集中荷重の反力

次のような斜めの力が作用する片持ばりの反力を求めよ．

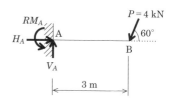

演習問題 2・4 等分布荷重が作用するはりの反力

図のような片持ばりの反力を求めよ．

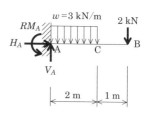

演習問題 2・5 **張り出しばりの反力**

次の張り出しばりの反力を求めよ.

[参考：二級・H11-4]

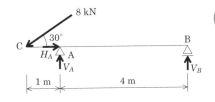

演習問題 2・6 **等変分布荷重が作用するはりの反力**

図のような分布荷重を受ける単純ばり
の反力を求めよ.

[参考：二級・H2-1]

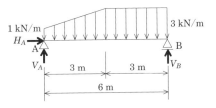

演習問題 2・7 **モーメント荷重が作用するはりの反力**

図のような集中荷重とモーメント荷重
を受ける単純ばりの反力を求めよ.

[参考：二級・S59-9]

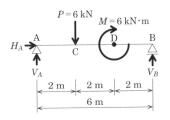

演習問題 2·8 　単純ばりラーメンの反力

図のような荷重を受ける単純ばりラーメンの反力を求めよ． ［参考：二級・H13-5］

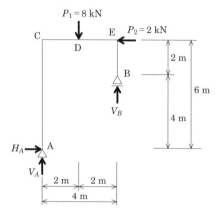

演習問題 2·9 　静定トラスの反力

図のような荷重を受ける静定トラスの反力を求めよ． ［参考：二級・H18-7］

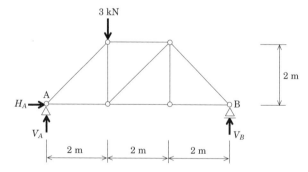

3章

ある点の応力

はりなどの骨組に荷重や外力が作用すると，支点には反力が生じるとともに部材内部には応力が生じる．この章では，まず，部材のある点についての応力を計算する．応力の計算についても反力の計算と同様に，力のつりあい方程式で簡単に求めることができる．

1 応力とは

基本問題 1

次の表にある応力について，①〜③の名称を答えよ．

応力	① N	② Q	③ M
変形	引張	右下り	下に凸
	圧縮	左下り	上に凸

解答

①軸方向力（軸力），②せん断力，
③曲げモーメント

応力

はりに荷重が加わると支点には反力が生じて力のつりあいがとれる．この荷重と反力によってはりは変形し，その変形に応じて部材の内部には応力が生ずる．

はりの内部には次の3つの応力が生じている．

① 軸方向力（N）

材軸方向に圧縮または引張の変形を伴う一対の応力として，引張応力（＋），圧縮応力（－）の2つがある．略して軸力ともいう．

② せん断力（Q）

材軸の直角方向にはさみで切るような一対の応力で，右下がりを（＋）とする．

③ 曲げモーメント（M）

部材を曲げるような一対の応力で，下に凸（下側が引張，上側が圧縮）の場合を（＋），逆に上に凸（下側が圧縮，上側が引張）の場合を（－）とする．

ここがポイント！

応力は複雑に発生しているが，次の3方向に分けて考える．
・水平方向：軸方向力（N）
・鉛直方向：せん断力（Q）
・回転方向：曲げモーメント（M）

応力を求める手順

1. 応力を求めたい点で切断する．切断した後，左側，右側のいずれかを選択する（計算が簡単そうなほうを選ぶ）．
2. 切断面に3つの応力（N，Q，M）を記入する．
3. つりあい方程式で解く．

これで納得！

切断して，左右いずれを選択しても同じ計算結果となる．

基本問題2

図のような単純ばりの D 点の応力を求めよ.

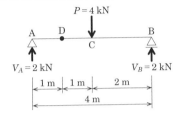

$P = 4\,\mathrm{kN}$

$V_A = 2\,\mathrm{kN}$　　$V_B = 2\,\mathrm{kN}$

1 m　1 m　2 m
4 m

3章

解答

ここがポイント！

切断面の右側か左側かを判断して応力（＋）を記入する.

曲げモーメントM　せん断力Q
N　軸方向力
N
M　N
Q

モーメントのつりあい

左回りのモーメント

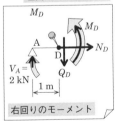

M_D
M_D
A
N_D
D
$V_A =$ 2 kN
Q_D
1 m

右回りのモーメント
2 kN × 1 m

Step-1　応力を求める点 D で切断して左側を選択する.

切断面に 3 つの応力（N, Q, M）を記入する.

M_D
A
D
N_D
$V_A =$ 2 kN
Q_D
1 m

切断面の右側の 3 つの応力（＋）を記入

Step-2　力のつりあい方程式

（ i ）　水平方向のつりあい　　∴　$N_D = 0$

（ ii ）　鉛直方向のつりあい

$2 = Q_D$　∴　$Q_D = +2\,\mathrm{kN}$

（ iii ）　モーメントのつりあい

点 D を中心に考える（画鋲）.

$2 \times 1 = M_D$　∴　$M_D = +2\,\mathrm{kN\cdot m}$

［答］　軸方向力 $N_D = 0$, せん断力 $Q_D = +2\,\mathrm{kN}$,

曲げモーメント $M_D = +2\,\mathrm{kN\cdot m}$

EXP UP！1

次の応力に関する記述の（　）に適当な語句を答えよ.

はりに荷重が加わると支点には（　イ　）が生じて力のつりあいがとれる.
この荷重と（　イ　）によってはりは（　ロ　）し, その（　ロ　）に応じて部材
の内部には（　ハ　）が生ずる.

さらに！▶ 演習問題3・1

② 単純ばり＋集中荷重のある点の応力

基本問題 1

難易度 ★★☆

図のような集中荷重を受ける張り出しばりの E 点の応力を求めよ．反力は 2 章 5 節の Exp Up! 5 で求めている．H_A は表示しない（$H_A = 0$）．

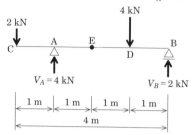

参考 ▶[二級] H15-4

解答

Step-1 応力を求めたい点で切断．

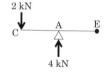

Step-2 切断面に 3 つの応力（N, Q, M）を記入．

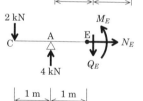

Step-3 力のつりあい方程式
（ⅰ）水平方向のつりあい

∴ $N_E = 0$

（ⅱ）鉛直方向のつりあい

$4 = Q_E + 2$ ∴ $Q_E = +2\,\text{kN}$

（ⅲ）モーメントのつりあい

点 E を中心に考える（画鋲）．

$4 \times 1 = M_E + 2 \times 2$ ∴ $M_E = 0$

［答］軸方向力 $N_E = 0$，せん断力 $Q_E = +2\,\text{kN}$
曲げモーメント $M_E = 0$

これで納得！

切断した状態では，つりあい状態にないが，切断面に応力を仮定することでつりあい状態になると考える．

応力の記入

切断面の右側か左側かを判断して応力（＋）を記入する．

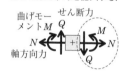

モーメントのつりあい

右回りのモーメント

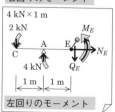

$4\,\text{kN} \times 1\,\text{m}$

左回りのモーメント

$M_E + 2\,\text{kN} \times 2\,\text{m}$

基本問題 2

図のような集中荷重を受ける単純ばりの E 点の応力を求めよ．反力は 2 章 2 節基本問題 1 で求めた．$H_A = 0$ は表示しない．

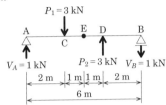

参考 ▶ [二級] H22-4

これが基本！

点 E の応力は，N_E，Q_E，M_E というように表示する．また，切断面には，(+) の向きに記入する．

モーメントのつりあい

左回りのモーメント

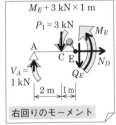

$M_E + 3\,\text{kN} \times 1\,\text{m}$

右回りのモーメント

$1\,\text{kN} \times 3\,\text{m}$

解答

Step-1　応力を求める点 E で切断して左側を選択する．

切断面に 3 つの応力 (N, Q, M) を記入する．

Step-2　力のつりあい方程式

（ⅰ）　水平方向のつりあい

∴　$N_E = 0$

（ⅱ）　鉛直方向のつりあい

$1 = Q_E + 3$　∴　$Q_E = -2\,\text{kN}$

（ⅲ）　モーメントのつりあい

点 E を中心に考える（画鋲）．

$1 \times 3 = M_E + 3 \times 1$　∴　$M_E = 0$

[答]　軸方向力 $N_E = 0$，せん断力 $Q_E = -2\,\text{kN}$，

曲げモーメント $M_E = 0$

EXP UP! 2

図のような単純ばりの C 点の応力を求めよ．反力は 2 章 5 節で求めている．

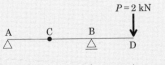

さらに！▶ 演習問題 3・2

3 片持ばり＋集中荷重のある点の応力

図のような荷重を受ける片持ばりの C 点の応力を求めよ.

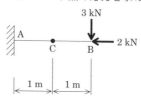

解答

片持ばりでは反力を求める必要がない.

<u>Step-1</u> 応力を求める点 C で切断（先端側を選択）して，切断面に 3 つの応力（N, Q, M）を記入する.

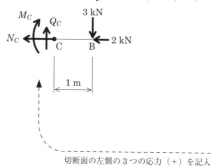

切断面の左側の 3 つの応力（＋）を記入

<u>Step-2</u> 力のつりあい方程式

（ⅰ）水平方向のつりあい

$$0 = N_C + 2 \quad \therefore \quad N_C = -2 \text{ kN}$$

（ⅱ）鉛直方向のつりあい

$$\therefore \quad Q_C = 3 \text{ kN}$$

（ⅲ）モーメントのつりあい

点 C を中心に考える（画鋲）.

$$M_C + 3 \times 1 = 0 \quad \therefore \quad M_C = -3 \text{ kN·m}$$

[答] 軸方向力 $N_C = -2 \text{ kN}$

せん断力 $Q_C = +3 \text{ kN}$

曲げモーメント $M_C = -3 \text{ kN·m}$

ここがポイント！

片持ばりでは，切断して先端側（支点側の反対）を選択するので，反力を求めなくてよい.

切断面の右側か左側かを判断して応力（＋）を記入する.

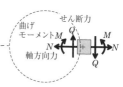

応力の（＋）の向きの組合せを覚える.

モーメントのつりあい

右回りのモーメント

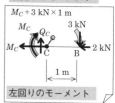

左回りのモーメント

なし

基本問題 2

図のような荷重を受ける片持ばりの C 点の応力を求めよ.

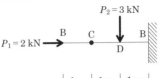

解答

Step-1 応力を求める点 C で切断（先端側を選択）して, 切断面に 3 つの応力 (N, Q, M) を記入する.

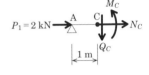

Step-2 力のつりあい方程式

（ⅰ）　水平方向のつりあい

$$N_C + 2 = 0 \quad \therefore \quad N_C = -2 \text{ kN}$$

（ⅱ）　鉛直方向のつりあい

$$0 = Q_C \quad \therefore \quad Q_C = 0$$

（ⅲ）　モーメントのつりあい

点 C を中心に考える（画鋲）.

$$0 = M_C \quad \therefore \quad M_C = 0$$

［答］　軸方向力 $N_C = -2$ kN, せん断力 $Q_C = 0$, 曲げモーメント $M_C = 0$

モーメントのつりあい

左回りのモーメント

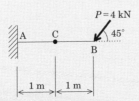

右回りのモーメント

なし

EXP UP! 3

図のような荷重を受ける片持ばりの C 点の応力を求めよ.

ヒント

斜めの力は, 水平方向の力と鉛直方向の力に分解する.

さらに！▶ 演習問題 3・3

4 等分布荷重の作用するはりの応力

基本問題 1

図のような集中荷重を受ける片持ばりのC点の応力を求めよ.

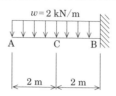

解答

片持ばりでは反力を求める必要がない.

<u>Step-1</u> 応力を求めたい点で切断（先端側を選択）して，切断面に3つの応力（N, Q, M）を記入する.

このとき，等分布荷重は集中荷重に直す.

> **これが基本！**
> 等分布荷重は，切断してから集中荷重に直す.

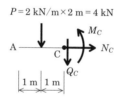

<u>Step-2</u> 力のつりあい方程式

（ⅰ） 水平方向のつりあい

∴ $N_C = 0$

（ⅱ） 鉛直方向のつりあい

$0 = Q_C + 4$ ∴ $Q_C = -4\,\mathrm{kN}$

（ⅲ） モーメントのつりあい

点Cを中心に考える（画鋲）.

$0 = M_C + 4 \times 1$ ∴ $M_C = -4\,\mathrm{kN \cdot m}$

[答] 軸方向力 $N_C = 0$

せん断力 $Q_C = -4\,\mathrm{kN}$

曲げモーメント $M_C = -4\,\mathrm{kN \cdot m}$

> **モーメントのつりあい**
>
> 右回りのモーメント
>
> なし
>
>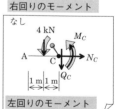
>
> 左回りのモーメント
>
> $M_C + 4\,\mathrm{kN} \times 1\,\mathrm{m}$

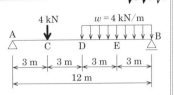

難易度 ★★☆

基本問題 2

図のような単純ばりの E 点の応力を求めよ.

4 kN　　　　$w = 4\ \text{kN/m}$

A　　　　C　　D　　E　　B
△　　　　　　　　　　　　△

3 m　3 m　3 m　3 m

12 m

参考▶［二級］H18-3

3 章

解答　反力は 2 章 4 節 **Exp Up!** ④ で求めた.

<u>Step-1</u>　応力を求める点 C で切断（右側を選択）して，切断面に 3 つの応力（N, Q, M）を記入する. このとき，等分布荷重は集中荷重に直す.

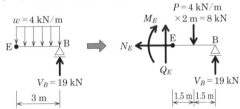

モーメントのつりあい

右回りのモーメント

$M_E + 8\ \text{kN} \times 1.5\ \text{m}$

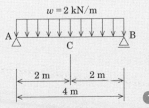

左回りのモーメント

$19\ \text{kN} \times 3\ \text{m}$

<u>Step-2</u>　力のつりあい方程式

（ⅰ）　水平方向のつりあい　　∴　$N_E = 0$

（ⅱ）　鉛直方向のつりあい

$Q_E + 19 = 8$　　∴　$Q_E = -11\ \text{kN}$

（ⅲ）　モーメントのつりあい

点 E を中心に考える（画鋲）.

$M_E + 8 \times 1.5 = 19 \times 3$　　∴　$M_E = +45\ \text{kN·m}$

［答］　軸方向力 $N_E = 0$，せん断力 $Q_E = -11\ \text{kN}$，曲げモーメント $M_E = +45\ \text{kN·m}$

EXP UP! ④

図のような等分布荷重を受ける単純ばりの C 点の応力を求めよ. 反力は 2 章 4 節で求めている.

$w = 2\ \text{kN/m}$

A△　　　C　　　B

2 m　　2 m

4 m

ヒント

等分布荷重は，切断後，集中荷重に置き換える.

さらに!▶ 演習問題 3・4

基本問題 **1**

難易度 ★★☆

図のような単純ばりラーメンの F 点の応力を求めよ.

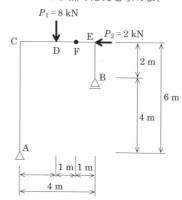

$P_1 = 8$ kN
$P_2 = 2$ kN

C · E · D F · B · A

2 m
6 m
4 m

1 m 1 m
4 m

参考 ▶ [二級] **H13-5**

解答

反力については,演習問題 2·8 で求めた.

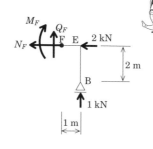

M_F Q_F
N_F F E 2 kN
B
1 kN
2 m
1 m

Step-1 応力を求める点 F で切断（右側を選択）して,切断面に 3 つの応力（N, Q, M）を記入する.

Step-3 力のつりあい方程式

（ⅰ） 水平方向のつりあい

$0 = N_F + 2$ ∴ $N_F = -2$ kN

（ⅱ） 鉛直方向のつりあい

$Q_F + 1 = 0$ ∴ $Q_F = -1$ kN

（ⅲ） モーメントのつりあい

点 F を中心に考える（画鋲）.

$M_F = 1 \times 1$ ∴ $M_F = +1$ kN·m

［答］ 軸方向力 $N_F = -2$ kN

せん断力 $Q_F = -1$ kN

曲げモーメント $M_F = +1$ kN·m

ここがポイント！

ラーメンのある点の応力は,はりと同様に切断して考える.

モーメントのつりあい

点 F から反力の 1 kN までの距離は 1 m,作用線上の点 E に移動して考える.

右回りのモーメント

M_F Q_F
N_F F E 2 kN
1 kN
（移動）
B
2 m
1 m

左回りのモーメント

1 kN × 1 m

難易度 ★★☆

基本問題 2

図のような単純ばりラーメンの
F点の応力を求めよ.

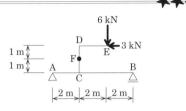

参考 ▶ [二級] H7-5

3章

部材を見る向き

水平部材の上端を延長した
側を鉛直部材の上側とする.

モーメントのつりあい

右回りのモーメント

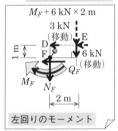

左回りのモーメント

$3\,\text{kN} \times 1\,\text{m}$

解答

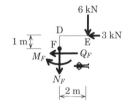

Step-1　応力を求める点Cで
切断（上側を選択）して，切
断面に3つの応力 (N, Q, M)
を記入.

Step-2　力のつりあい方程式

（ⅰ）水平方向のつりあい

$0 = N_F + 6$　∴　$N_F = -6\,\text{kN}$

（ⅱ）鉛直方向のつりあい

$Q_F + 3 = 0$　∴　$Q_F = -3\,\text{kN}$

（ⅲ）モーメントのつりあい

点Fを中心に考える（画鋲）.

$M_F + 6 \times 2 = 3 \times 1$　∴　$M_F = -9\,\text{kN·m}$

［答］　軸方向力 $N_F = 0$, せん断力 $Q_F = -3\,\text{kN}$,

曲げモーメント $M_F = -9\,\text{kN·m}$

EXP UP! 5

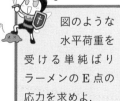

図のような
水平荷重を
受ける単純ばり
ラーメンのE点の
応力を求めよ.

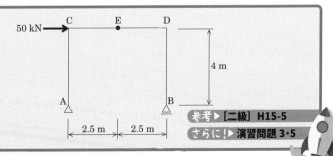

参考 ▶ [二級] H15-5

さらに! ▶ 演習問題 3·5

6 静定トラスの応力

基本問題 1

難易度 ★★☆

図のような静定トラスの部材 2, 5, 8 の応力を求めよ.

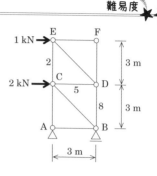

参考 ▶ [二級] H22-5

解答

このトラスでは反力を求める必要がない.

Step-1 応力を求める部材 2, 5, 8 を通るように切断（上側を選択）して, 切断面に応力（軸方向力）N_2, N_5, N_8 を記入する.

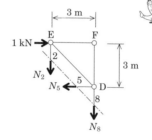

Step-2 力のつりあい方程式

（ⅰ）水平方向のつりあい

$1 = N_5$ ∴ $N_5 = +1\,\mathrm{kN}$

（ⅱ）鉛直方向のつりあい

$0 = N_2 + N_8$ ∴ $N_2 + N_8 = 0$ … （1）

（ⅲ）モーメントのつりあい

点 D を中心に考える（画鋲）.

$1 \times 3 = N_2 \times 3$ ∴ $N_2 = +1\,\mathrm{kN}$

式（1）より ∴ $N_8 = -1\,\mathrm{kN}$

[答] 軸方向力 $N_2 = +1\,\mathrm{kN}$

$N_5 = +1\,\mathrm{kN}$

$N_8 = -1\,\mathrm{kN}$

ここがポイント！

このトラスでは, 切断して上部（支点側の反対）を選択するので, 反力を求めなくてよい.

これが基本！

トラスの応力は, 軸方向力 N のみ生じる（詳細については, 8章1節で学ぶ）.

節点の表示

トラスの節点を示す○印は省略することがある.

モーメントのつりあい

点 D から水平荷重 $1\,\mathrm{kN}$ までの距離は $3\,\mathrm{m}$

右回りのモーメント

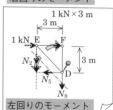

左回りのモーメント

$N_2 \times 3\,\mathrm{m}$

基本問題 2

難易度 ★★☆

図のような静定トラスの部材 A の応力を求めよ.

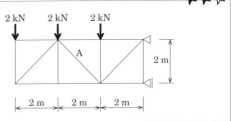

参考 ▶ [二級] H28-5

N_A の分解

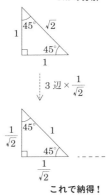

3 辺 × $\dfrac{1}{\sqrt{2}}$

これで納得！

B，C 材および他の部材の軸方向力については 8 章で詳述．ちなみに，
$N_B = +6$ kN，$N_C = -2$ kN

解答 このトラスでは反力を求める必要がない.

Step-1 応力を求める部材 A を通るように切断（左側を選択）して切断面に応力（軸方向力）を記入する.

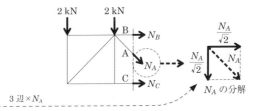

3 辺 × N_A

N_A の分解

Step-2 力のつりあい方程式

N_A を分解して，鉛直方向のつりあいを考える.

$$0 = \frac{N_A}{\sqrt{2}} + 2 + 2 \qquad \therefore \quad N_A = -4\sqrt{2} \ \text{kN}$$

[答]　$N_A = -4\sqrt{2}$ kN

EXP UP! 6

図のような静定トラスの部材 1，2 の応力を求めよ.

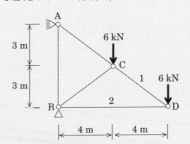

参考 ▶ [二級] H20-7

さらに！▶ 演習問題 3・6

Exp Up!の解答

Exp Up! 1

イ．反力，　ロ．変形，　ハ．応力

Exp Up! 2

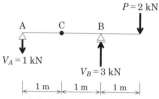

Step-1　応力を求める点Cで切断

Step-2　切断面に3つの応力を記入

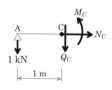

Step-3　力のつりあい方程式
（ⅰ）　水平方向のつりあい
　∴　$N_C = 0$
（ⅱ）　鉛直方向のつりあい
　$0 = Q_C + 1$　　∴　$Q_C = -1$ kN
（ⅲ）　モーメントのつりあい

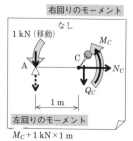

右回りのモーメント
なし

1 kN（移動）

左回りのモーメント
$M_C + 1$ kN$\times 1$ m

点Cを中心に考える（画鋲）．
$0 = M_C + 1 \times 1$
　∴　$M_C = -1$ kN·m

[答]　軸方向力 $N_C = 0$
　　　せん断力 $Q_C = -1$ kN
　　　曲げモーメント $M_C = -1$ kN·m

Exp Up! 3

斜めの力の分解は，2章3節で詳解している．

Step-1　応力を求めたい点で切断（先端側を選択）して，切断面に3つの応力を記入する．

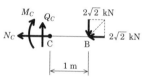

Step-2　力のつりあい方程式
（ⅰ）　水平方向のつりあい
　$0 = N_C + 2\sqrt{2}$
　∴　$N_C = -2\sqrt{2}$ kN
（ⅱ）　鉛直方向のつりあい
　∴　$Q_C = +2\sqrt{2}$ kN
（ⅲ）　モーメントのつりあい

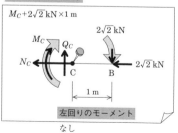

右回りのモーメント
$M_C + 2\sqrt{2}$ kN$\times 1$ m

左回りのモーメント
なし

点Cを中心に考える（画鋲）．
$M_C + 2\sqrt{2} \times 1 = 0$
　∴　$M_C = -2\sqrt{2}$ kN·m

[答]　軸方向力 $N_C = -2\sqrt{2}$ kN
　　　せん断力 $Q_C = +2\sqrt{2}$ kN
　　　曲げモーメント $M_C = -2\sqrt{2}$ kN·m

Exp Up! 4

反力は 2 章 4 節で求めた.

Step-1　応力を求めたい点で切断

Step-2　切断面に 3 つの応力を記入. このとき等分布荷重は集中荷重に直す.

$P = 2$ kN/m × 2 m $= 4$ kN

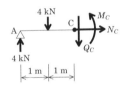

Step-3　力のつりあい方程式
（ⅰ）　水平方向のつりあい
　∴　$N_C = 0$
（ⅱ）　鉛直方向のつりあい
　$4 = Q_C + 4$　∴　$Q_C = 0$
（ⅲ）　モーメントのつりあい

右回りのモーメント

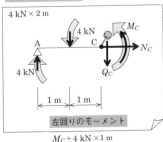

左回りのモーメント

$M_C + 4$ kN × 1 m

点 C を中心に考える（画鋲）.

$4 × 2 = M_C + 4 × 1$
∴　$M_C = +4$ kN·m

[答]　軸方向力 $N_C = 0$
　　　せん断力 $Q_C = 0$
　　　曲げモーメント $M_C = +4$ kN·m

Exp Up! 5

反力は 2 章 8 節 **Exp Up!** 8 で求めた.

Step-1　応力を求める点 F で切断
（荷重・反力の少ない右側を選択）

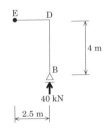

Step-2　切断面に 3 つの応力を記入

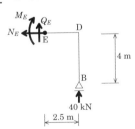

Step-3　力のつりあい方程式
（ⅰ）　水平方向のつりあい
　$0 = N_E$　∴　$N_E = 0$
（ⅱ）　鉛直方向のつりあい
　$Q_E + 40 = 0$　　∴　$Q_E = -40$ kN

（ⅲ）　モーメントのつりあい

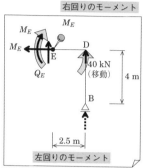

右回りのモーメント

左回りのモーメント

$40 \text{ kN} \times 2.5 \text{ m}$

点 E を中心に考える（画鋲）.

$M_E = 40 \times 2.5$

$\therefore \quad M_F = +100 \text{ kN·m}$

［答］　軸方向力 $N_E = 0$

せん断力 $Q_E = -40 \text{ kN}$

曲げモーメント $M_E = +100 \text{ kN·m}$

Exp Up! 6

このトラスでは反力を求める必要がない.

Step-1　応力を求める部材 1，2 で切断

Step-2　切断面に応力（軸方向力）を記入

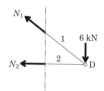

Step-3　力のつりあい方程式

斜めの力 N_1 は，水平方向の力 N_{1X},
鉛直方向の力 N_{1Y} に分解して考える.

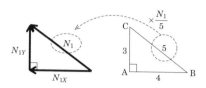

斜辺が $N_1/5$ 倍の関係になっているので，対応する辺を $N_1/5$ 倍して

$$N_{1X} = 4 \times \frac{N_1}{5} = \frac{4N_1}{5}$$

$$N_{1Y} = 3 \times \frac{N_1}{5} = \frac{3N_1}{5}$$

図のように描き直す.

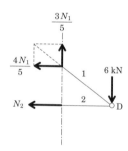

（ⅰ）　水平方向のつりあい

$$0 = N_2 + \frac{4N_1}{5}$$

$$\therefore \quad N_2 = -\frac{4N_1}{5} \quad \cdots \quad (1)$$

（ⅱ）　鉛直方向のつりあい

$$\frac{3N_1}{5} = 6 \qquad \therefore \quad N_1 = +10 \text{ kN}$$

式（1）より　　$\therefore \quad N_2 = -8 \text{ kN}$

［答］　軸方向力 $N_1 = +10 \text{ kN}$,

$$N_2 = -8 \text{ kN}$$

演習問題

演習問題 3·1 応力とは

図のような単純ばりの D 点の応力を求めよ.

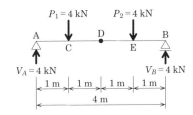

演習問題 3·2 単純ばり＋集中荷重のある点の応力

図のような単純ばりの C 点の応力を求めよ.

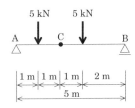

演習問題 3·3 片持ばり＋集中荷重のある点の応力

図のような荷重を受ける片持ばりの応力を求めよ.

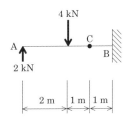

3 章

演習問題 3・4 〉 **等分布荷重の作用するはりの応力**

図のような等分布荷重を受ける片持ばりの C 点の応力を求めよ.

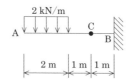

演習問題 3・5 〉 **ラーメンのある点の応力**

図のような水平方向の等分布荷重を受けるラーメンの E 点の応力を求めよ.

［参考：二級・H16-5］

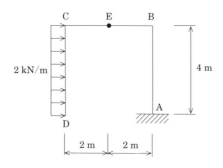

演習問題 3・6 〉 **静定トラスの応力**

図のような荷重を受ける静定トラスの部材 1〜3 の応力を求めよ.

［参考：二級・H18-7］

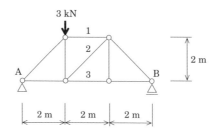

4章

応　力　図

　部材のある点の応力を求めた後は，すべての点についての応力を求めた結果をグラフにした応力図について学ぶ．単純ばりや片持ばりでは，難しい計算式に頼るよりも、簡単な法則を使って容易に応力図を描くことができる.

基本問題 **1**

難易度 ★☆☆

図のような集中荷重を受ける単純ばりの応力図を描け．

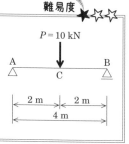

解答

◇◇ **反力の計算**

$$鉛直反力 V_A = V_B = \frac{10}{2} = 5 \text{ kN}$$

$$水平反力 H_A = 0 \ （0 なので表示しない）$$

◇◇ **応力図**

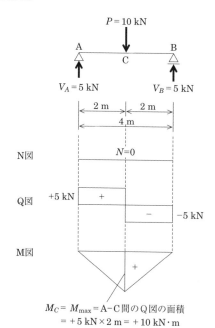

$$M_C = M_{max} = A-C 間の Q 図の面積$$
$$= +5 \text{ kN} \times 2 \text{ m} = +10 \text{ kN·m}$$

〔注〕M_{max}は，はりの最大曲げモーメントであることを表す．

応力図とは

応力の分布をグラフにしたものをいい，N 図，Q 図，M 図の 3 種類がある．ただし，M 図については，部材の曲げ変形に合わせて，上側に（−），下側に（＋）を描く．

応力図に描き方！

【N 図】材軸方向に引張または圧縮区間があるかを見る．この問題では $N = 0$

【Q 図】反力・荷重を左から矢印のとおり上下させる．

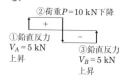

【M 図】はり部材をゴムひもと考える．

単純ばり＋集中荷重のM図は，ゴムひもを荷重の位置で押した形

基本問題 2

難易度 ★★☆

図のような集中荷重を受ける単純ばりの応力図を描け.

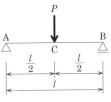

【N図】軸力による変形
$N = 0$ なので変形なし.

【Q図】せん断による変形

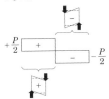

$+\dfrac{P}{2}$ ... $-\dfrac{P}{2}$

【M図】モーメントによる変形

M図が描かれている側が, 曲げ変形による引張側となっている. その値はスパン中央で最大となっている.

解答

集中荷重 P がスパン l の中央に載荷.

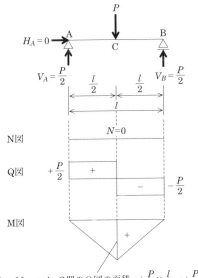

$$M_C = M_{\max} = \text{A-C間のQ図の面積} = +\dfrac{P}{2} \times \dfrac{l}{2} = +\dfrac{Pl}{4}$$

 EXP UP! 1

図のような集中荷重を受ける単純ばりの応力図を描け.

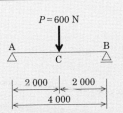

さらに!▶ 演習問題 4・1

069

2 単純ばり＋集中荷重（任意）の応力図

基本問題 1

図のような集中荷重を受ける単純ばりの応力図を描け.

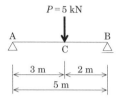

$P = 5\ \text{kN}$

A ——— C ——— B

| 3 m | 2 m |
| 5 m |

解答

◇ 反力の計算

分配法で求める（次ページ参照）.

$$\text{鉛直反力}\ V_A = 5 \times \frac{2}{5} = 2\ \text{kN}, \quad V_B = 5 \times \frac{3}{5} = 3\ \text{kN}$$

水平反力 $H_A = 0$（表示しない）

◇ 応力図

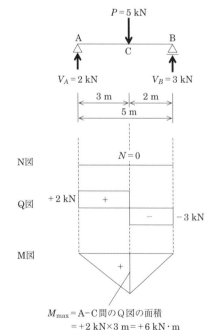

$M_{\max} = \text{A–C間のQ図の面積}$
$= +2\ \text{kN} \times 3\ \text{m} = +6\ \text{kN·m}$

ここがポイント！

【N図】材軸方向の力はなし. ∴ $N = 0$

【Q図】反力・荷重を左から順序良く上げ下げ.

②荷重 P ＝ 5 kN 下降

①鉛直反力 $V_A = 2$ kN 上昇

③鉛直反力 $V_B = 3$ kN 上昇

【M図】ゴムひもだ！

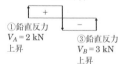
ゴムひも

（ゴムひもを荷重の位置で押した形）

これで納得！

任意の点の曲げモーメントの値はその点までのQ図の面積となる.

基本問題 2

図のような集中荷重を受ける単純ばりの応力図を描け.

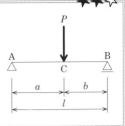

4章

分配法（反力）

力のつりあい方程式によらず, 分配法で反力を求める.

$$V_A = P \times \left(\frac{b}{l}\right) \qquad V_B = P \times \left(\frac{a}{l}\right)$$

$$= \frac{Pb}{l} \qquad\qquad = \frac{Pa}{l}$$

これで納得！

$M_{\max}$ は Q 図の面積と一致.

面積 $= +\dfrac{Pb}{l} \times a = \dfrac{Pab}{l}$

面積 $= -\dfrac{Pa}{l} \times (-b) = +\dfrac{Pab}{l}$

〔注〕右側からの距離には $(-)$.

解答

集中荷重 P がスパン l の任意の点に載荷.

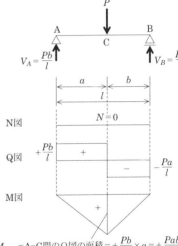

$$M_{\max} = \text{A–C間のQ図の面積} = +\frac{Pb}{l} \times a = +\frac{Pab}{l}$$

図のような集中荷重を受ける単純ばりの応力図を描け.

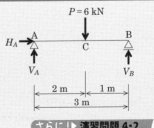

さらに！▶ 演習問題 4·2

071

3 単純ばり＋集中荷重（複数）の応力図

基本問題 1

難易度 ★★☆

図のような集中荷重を受ける単純ばりの応力図を描け.

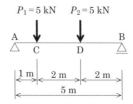

$P_1 = 5 \text{ kN}$ $P_2 = 5 \text{ kN}$

解答

反力の計算

反力は，2章演習問題 2・1 で求めた.

鉛直反力 $V_A = 6 \text{ kN}$, $V_B = 4 \text{ kN}$

水平反力 $H_A = 0$（表示しない）

応力図

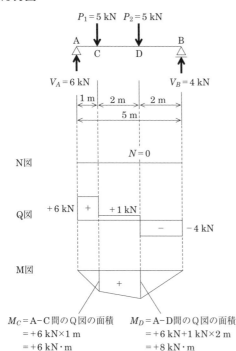

$M_C = \text{A–C間のQ図の面積}$
$= +6 \text{ kN} \times 1 \text{ m}$
$= +6 \text{ kN·m}$

$M_D = \text{A–D間のQ図の面積}$
$= +6 \text{ kN} + 1 \text{ kN} \times 2 \text{ m}$
$= +8 \text{ kN·m}$

ここがポイント！

【N図】材軸方向の力はなし. ∴ $N = 0$

【Q図】反力・荷重を左から順序良く上げ下げ.

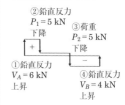

①鉛直反力 $V_A = 6 \text{ kN}$ 上昇
②鉛直反力 $P_1 = 5 \text{ kN}$ 下降
③荷重 $P_2 = 5 \text{ kN}$ 下降
④鉛直反力 $V_B = 4 \text{ kN}$ 上昇

【M図】ゴムひもだ！

（ゴムひもを荷重が押した形）

072

基本問題2

難易度 ★☆☆

図のような集中荷重を受ける単純ばりの応力図を描け.

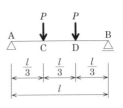

4章

解答

集中荷重 P がスパン l に等分に載荷.

ここがポイント!

Q図の符号でM図の増減がわかる.下記①〜③を参照.

① Q図が（＋）の区間では,M図は増加している.

② Q図が（−）の区間では,M図は減少している.

③ Q図が0の地点では,曲げモーメントは,極大(山の頂点)または極小(谷の底点)となる.

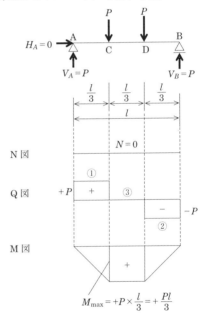

$$M_{max} = +P \times \frac{l}{3} = +\frac{Pl}{3}$$

図のような集中荷重を受ける単純ばりの応力図を描け.

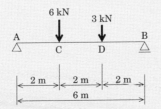

さらに！▶ 演習問題4・3

④ 単純ばり＋等分布荷重の応力図

基本問題 1

図のような等分布荷重を受ける単純ばりの応力図を描け.

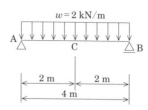

参考 ▶ [二級] S55-8

解答

◇◇ 反力の計算

鉛直反力 $V_A = V_B = 2\text{kN/m} \times 4\text{m} \times \dfrac{1}{2} = 4\text{kN}$

水平反力 $H_A = 0$（表示しない）

◇◇ 応力図

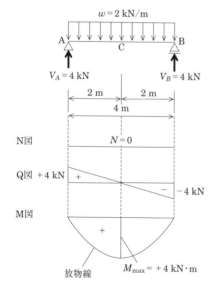

M_{max}はA-C間のQ図の面積（三角形）

$\therefore M_{max} = +4\text{ kN} \times 2\text{ m} \times \dfrac{1}{2} = +4\text{ kN·m}$

ここがポイント！

【N図】 材軸方向の力はなし．$\therefore N = 0$

【Q図】 反力・荷重を左から順序良く上げ下げ.

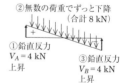

②無数の荷重でずっと下降（合計 8 kN）

①鉛直反力 $V_A = 4$ kN 上昇

③鉛直反力 $V_B = 4$ kN 上昇

【M図】 ゴムひもだ！

ゴムひも

放物線 M_{max}（スパン中央）

（ゴムひもが無数の荷重で押された形）

基本問題 2

図のような等分布荷重を受ける単純ばりの応力図を描け.

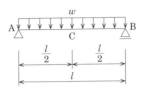

参考 ▶ [二級] H20-4

4章

解答

等分布荷重 w がスパン l の全域に載荷.

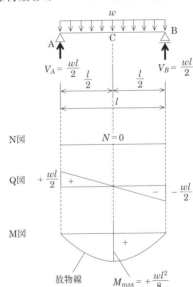

$V_A = \dfrac{wl}{2}$ $V_B = \dfrac{wl}{2}$

N図 $N = 0$

Q図 $+\dfrac{wl}{2}$ $-\dfrac{wl}{2}$

M図

放物線 $M_{\max} = +\dfrac{wl^2}{8}$

ここがポイント!

A–C 間の Q 図の面積から, $M_{\max}$ を計算する.

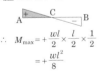

$$\therefore\ M_{\max} = +\frac{wl}{2} \times \frac{l}{2} \times \frac{1}{2}$$
$$= +\frac{wl^2}{8}$$

EXP UP! 4

図のような等分布荷重を受ける単純ばりの応力図を描け.

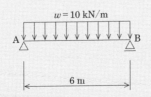

$w = 10\ \text{kN/m}$

6 m

ヒント

等分布荷重は, 無数の荷重の集まり.

参考 ▶ [二級] H17-4

さらに ▶ 演習問題 4・4

5 片持ばり＋集中荷重の応力図

基本問題 1

難易度 ★☆☆

図のような集中荷重を受ける片持ばりの応力図を描け.

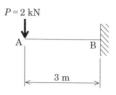

解答

✎ 反力の計算

鉛直反力 $V_B = 2$ kN

水平反力 $H_B = 0$

モーメント反力 $RM_B = 2$ kN × 3 m = 6 kN·m

✎ 応力図

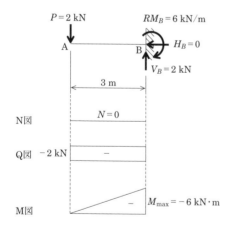

M_{max}はA−B間のQ図の面積

$M_{max} = -2$ kN × 3 m = −6 kN·m

ここがポイント！

【N図】材軸方向の力はなし. ∴ $N = 0$

【Q図】反力・荷重を左から順序良く上げ下げ.

①荷重 $P = 2$ kN
下降

②鉛直反力
$V_A = 2$ kN上昇

【M図】棚の補強ワイヤ

片持ばり＋集中荷重の
M図は，棚の補強ワイ
ヤの形と同じ！

基本問題 2

図のような集中荷重を受ける片持ばりの応力図を描け.

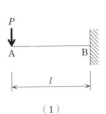

（1）

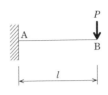

（2）

解 答

（1）

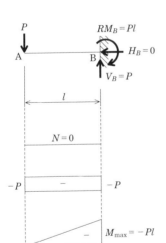

$M_{\max}$はA−B間のQ図の面積

$\therefore\ M_{\max} = +P \times l = Pl$

（2）

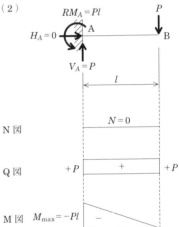

$M_{\max}$はB−A間のQ図の面積

$\therefore\ M_{\max} = +P \times (-l) = -Pl$

〔注〕右側からの距離には(−)を付ける.

EXP UP! 5

図のような集中荷重を受ける片持ばりの応力図を描け.

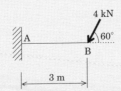

ヒント

斜めの力の水平方向の分力は軸方向力を生じさせる.

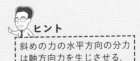

さらに！▶ 演習問題 4・5

6 片持ばり＋等分布荷重の応力図

基本問題 1

図のような等分布荷重を受ける片持ばりの応力図を描け.

$w = 2\ \text{kN/m}$

A   B

3 m

解答

反力の計算

鉛直反力 $V_B = 2\ \text{kN/m} \times 3\ \text{m} = 6\ \text{kN}$

水平反力 $H_B = 0$

モーメント反力 $RM_B = 6\ \text{kN} \times \dfrac{3}{2}\ \text{m} = 9\ \text{kN·m}$

応力図

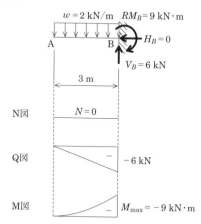

$w = 2\ \text{kN/m}$ $RM_B = 9\ \text{kN·m}$

A   B $H_B = 0$

$V_B = 6\ \text{kN}$

3 m

N図 $N = 0$

Q図 $-$ $-6\ \text{kN}$

M図 $-$ $M_{\max} = -9\ \text{kN·m}$

$M_{\max}$はA−B間のQ図の面積

$\therefore\ M_{\max} = -6\ \text{kN} \times 3\ \text{m} \times \dfrac{1}{2}$

$\qquad = -9\ \text{kN·m}$

ここがポイント！

【N図】材軸方向の力はなし. $\therefore\ N = 0$

【Q図】反力・荷重を左から順序良く上げ下げ.

①無数の荷重で連続的に下降 （合計 6 kN）

②鉛直反力 $V_B = 6\ \text{kN}$ 上昇

【M図】棚の補強ワイヤ

補強ワイヤを無数の荷重で押した形 = 放物線

放物線

基本問題2

難易度 ★★☆

図のような等分布荷重を受ける片持ばりの応力図を描け.

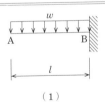

（1）

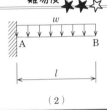

（2）

参考 ▶ [二級] R2-2

解答

（1）

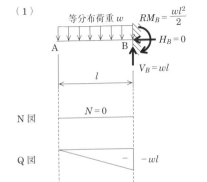

$M_{\max}$はA–B間のQ図の面積

$$M_{\max} = -wl \times l \times \frac{1}{2} = -\frac{wl^2}{2}$$

（2）

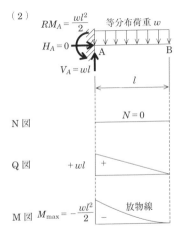

$M_{\max}$はB–A間のQ図の面積

$$M_{\max} = wl \times (-l) \times \frac{1}{2} = -\frac{wl^2}{2}$$

〔注〕右側からの距離には（−）を付ける.

EXP UP! 6

図のような等分布荷重を受ける片持ばりの応力図を描け.

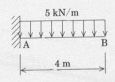

さらに！▶ 演習問題4・6

7 張り出しばりの応力図

基本問題 1

難易度 ★★☆

図のような集中荷重を受ける張り出しばりの応力図を描け.

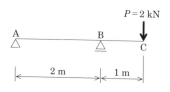

解答

反力の計算

反力は 2 章 5 節で求めた.

応力図

N 図は省略（$N = 0$）

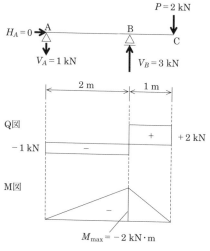

$M_{\max}$はA−B間のQ図の面積

$\therefore \ M_{\max} = -1 \ \mathrm{kN} \times 2 \ \mathrm{m}$

$= -2 \ \mathrm{kN \cdot m}$

ここがポイント！

【N 図】材軸方向の力はなし. $\therefore \ N = 0$

【Q 図】反力・荷重を左から順序良く上げ下げ.

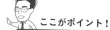

①鉛直反力 ③荷重
$V_A = 1 \ \mathrm{kN}$下降 $P = 2 \ \mathrm{kN}$下降

②鉛直反力
$V_B = 3 \ \mathrm{kN}$上昇

【M 図】ゴムひもだ！

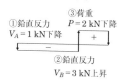

ゴムひも

（ゴムひもを支点反力 V_B が押した形）

基本問題 2

難易度 ★★☆

図のような張り出しばりの応力図を描け.

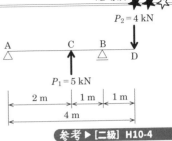

参考 ▶ [二級] H10-4

④章

【N図】材軸方向の力はなし. ∴ $N = 0$

【Q図】反力・荷重を左から順序良く上げ下げ.

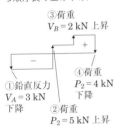

③荷重
$V_B = 2$ kN 上昇

④荷重
$P_2 = 4$ kN
下降

①鉛直反力
$V_A = 3$ kN
下降

②荷重
$P_2 = 5$ kN 上昇

【M図】はゴムひもだ!

ゴムひも
(ゴムひもを荷重 P_1 および反力 V_B が押した形)

解答

反力は2章5節と同様である.

応力図　N図は省略（$N = 0$）

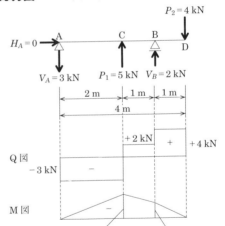

$M_C =$ A–C 間の Q 図の面積
　　$= -3$ kN $\times 2$ m
　　$= -6$ kN・m

$M_B =$ A–B 間の Q 図の面積
　　$= -6$ kN・m $+ 2$ kN $\times 1$ m
　　$= -4$ kN・m

EXP UP! 7

図のような集中荷重を受ける張り出しばりの応力図を描け.

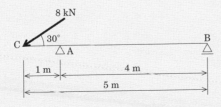

ヒント

斜めの力の水平方向の分力は軸方向力を生じさせる.

参考 ▶ [二級] H11-4

さらに! ▶ 演習問題 4・7

8 モーメント荷重が作用したときの応力図

基本問題 1

図のようなモーメント荷重を受ける単純ばりの応力図を描け.

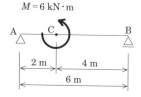

$M = 6\,\text{kN·m}$

解答

反力の計算

モーメント荷重 $6\,\text{kN·m}$（右回り）に対して，鉛直反力が偶力（左回り）として抵抗する.

鉛直反力 $V_A = 1\,\text{kN}$（上向き）

$V_B = 1\,\text{kN}$（下向き）

水平反力 $H_B = 0$（表示しない）

応力図

N 図は省略（$N = 0$）

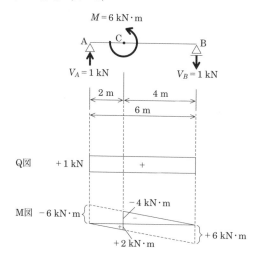

$M = 6\,\text{kN·m}$

$V_A = 1\,\text{kN}$　　$V_B = 1\,\text{kN}$

Q図　$+1\,\text{kN}$

M図　$-6\,\text{kN·m}$　　$-4\,\text{kN·m}$　　$+6\,\text{kN·m}$

$+2\,\text{kN·m}$

ここがポイント！

【N 図】材軸方向の力はなし．∴ $N = 0$

【Q 図】反力・荷重を左から順序良く上げ下げ.

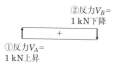

②反力 $V_B = 1\,\text{kN}$ 下降

①反力 $V_A = 1\,\text{kN}$ 上昇

【M 図】ゴムひもをモーメントの方向にひねった形

ゴムひも

ゴムひもに，モーメント荷重 M の長さの板を貼り付け，モーメント荷重の方向に $90°$ ひねった形となる.
なお，板の回転中心は，はりに対するモーメント荷重の位置と一致させる.

基本問題2

図のようなモーメント
荷重を受ける単純ばりの
応力図を描け.

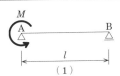

（1）

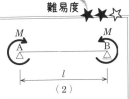

（2）

参考▶[二級] H17-4

4章

解答 〜 反力

（1）モーメント荷重 M（左回り）に
対して鉛直反力が偶力（右回り）とし
て抵抗する.

$$鉛直反力\ V_A = \frac{M}{l}（上向き）$$

$$鉛直反力\ V_B = \frac{M}{l}（下向き）$$

$$水平反力\ H_A = 0（表示しない）$$

（2）モーメント荷重 M（右回り）と
モーメント荷重 M（左回り）が打ち消
し合い，鉛直反力は生じない.

$$鉛直反力\ V_A = V_B = 0$$

$$水平反力\ H_A = 0（表示しない）$$

〜 応力図　N 図は省略（$N=0$）

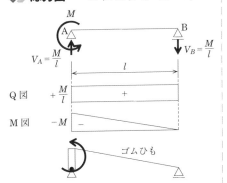

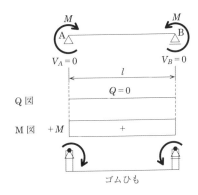

EXP UP! 8

図のようなモーメント
荷重を受ける単純ばり
の応力図を描け.

$M = 210\ \mathrm{kN \cdot m}$

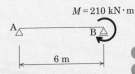

6 m

参考▶[二級] H17-4
さらに!▶演習問題 4・8

Exp Up! 1

<u>Step-1</u> 反力の計算

$$V_A = V_B = \frac{600}{2} = 300 \text{ N} \qquad H_A = 0$$

<u>Step-2</u> 応力図

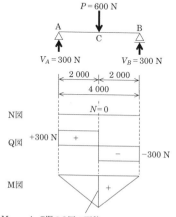

$P = 600 \text{ N}$

A   C   B

$V_A = 300 \text{ N}$ $V_B = 300 \text{ N}$

2 000   2 000

4 000

N図 $N = 0$

Q図 $+300 \text{ N}$ $+$ $-$ -300 N

M図 $+$

$M_{max} = \text{A–C間のQ図の面積} = 300 \text{ N} \times 2\,000 \text{ mm}$
$= 600\,000 \text{ N·mm}$

Exp Up! 2

<u>Step-1</u> 反力の計算

$$V_A = 6 \times \frac{1}{3} = 2 \text{ kN} \qquad V_B = 6 \times \frac{2}{3} = 4 \text{ kN}$$

$$H_A = 0$$

<u>Step-2</u> 応力図

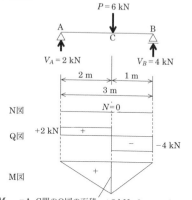

$P = 6 \text{ kN}$

A   C   B

$V_A = 2 \text{ kN}$ $V_B = 4 \text{ kN}$

2 m   1 m

3 m

N図 $N = 0$

Q図 $+2 \text{ kN}$ $+$ $-$ -4 kN

M図 $+$

$M_{max} = \text{A–C間のQ図の面積} = +2 \text{ kN} \times 2 \text{ m} = +4 \text{kN·m}$

Exp Up! 3

<u>Step-1</u> 反力の計算

（ⅰ）水平方向のつりあい

   ∴ $H_A = 0$

（ⅱ）鉛直方向のつりあい

   ∴ $V_A + V_B = 9$ … （1）

（ⅲ）モーメントのつりあい（点B中心）

   $6 V_A = 6 \times 4 + 3 \times 2$, $6 V_A = 30$

   ∴ $V_A = 5 \text{ kN}$

式（1）より   ∴ $V_B = 4 \text{ kN}$

Step-2 応力図

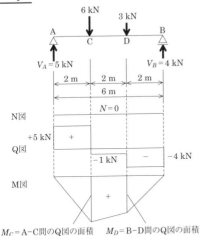

$$M_C = \text{A-C間のQ図の面積}$$
$$= +5\text{ kN}\times 2\text{ m}$$
$$= +10\text{ kN}\cdot\text{m}$$

$$M_D = \text{B-D間のQ図の面積}$$
$$= -4\text{ kN}\times(-2\text{ m})$$
$$= +8\text{ kN}\cdot\text{m}$$

〔注〕右側からの距離には (−) を付ける.

Exp Up! 4

Step-1 反力の計算

$$V_A = V_B = \frac{10\text{ kN/m}\times 6\text{ m}}{2} = 30\text{ kN}$$

$$H_A = 0$$

Step-2 応力図

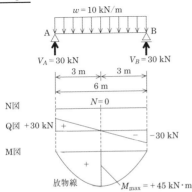

$$M_{max} = \text{A-C間のQ図の面積}$$
$$= +30\text{ kN}\times 3\text{ m}\times\frac{1}{2} = +45\text{ kN}\cdot\text{m}$$

Exp Up! 5

Step-1 反力の計算

2 章演習問題 2・3 で求めている.

$$H_A = +2\text{ kN} \qquad V_A = +2\sqrt{3}\text{ kN}$$
$$RM_A = +6\sqrt{3}\text{ kN}\cdot\text{m}$$

Step-2 応力図

【N 図】 はりの全域に 2 kN の圧縮力.

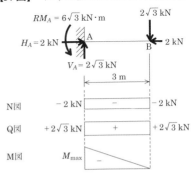

$$M_{max} = \text{B-A間のQ図の面積}$$
$$= +2\sqrt{3}\text{ kN}\times(-3\text{ m})$$
$$= -6\sqrt{3}\text{ kN}\cdot\text{m}$$

〔注〕右側からの距離には (−) を付ける.

Exp Up! 6

Step-1 反力の計算

（ i ）水平方向のつりあい

∴ $H_A = 0$

（ ii ）鉛直方向のつりあい

$$V_A = 5\text{ kN/m}\times 4\text{ m}$$

∴ $V_A = 20\text{ kN}$

（iii）モーメントのつりあい

$$RM_A = 20\text{ kN}\times\frac{4}{2}\text{ m}$$

∴ $RM_A = 40\text{kN}\cdot\text{m}$

<u>Step-2</u>　応力図

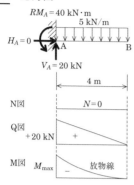

$M_{\max} = $ B–A間のQ図の面積
　　　$= +20\ \mathrm{kN} \times (-4\ \mathrm{m}) \times \dfrac{1}{2} = -40\ \mathrm{kN \cdot m}$

〔注〕右側からの距離には(−)を付ける.

Exp Up! 7

<u>Step-1</u>　反力の計算

2章演習問題2·5で求めている.

<u>Step-2</u>　応力図

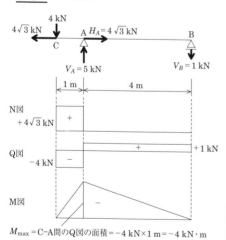

$M_{\max} = $ C–A間のQ図の面積 $= -4\ \mathrm{kN} \times 1\ \mathrm{m} = -4\ \mathrm{kN \cdot m}$

Exp Up! 8

<u>Step-1</u>　反力の計算

　反力はモーメント荷重 $M = 210\ \mathrm{kN \cdot m}$（右回り）に対して，偶力（左回り）として抵抗するので

　　V_A（下向き）$= V_B$（上向き）

　　　　　　　　$= \dfrac{210}{6} = 35\ \mathrm{kN}$

　$H_A = 0$

<u>Step-2</u>　応力図

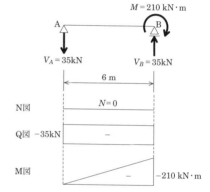

$M_{\max} = $ A–C間のQ図の面積 $= -35\ \mathrm{kN} \times 6\ \mathrm{m} = -210\ \mathrm{kN \cdot m}$

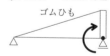
ゴムひも

演習問題

演習問題 4・1 単純ばり＋集中荷重（中央）の応力図

　図のような集中荷重を受ける単純ばりの
応力図を描け.

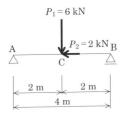

演習問題 4・2 単純ばり＋集中荷重（任意）の応力図

　図のような集中荷重を受ける単純ばりの
応力図を描け.

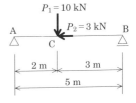

演習問題 4・3 単純ばり＋集中荷重（複数）の応力図

　図のような集中荷重を受ける単純ばりの
応力図を描け. ［参考：二級・H13-4］

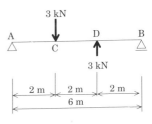

演習問題 4・4 単純ばり＋等分布荷重の応力図

　図のような等分布荷重を受ける単純ばり
の応力図を描け. ［参考：二級・H20-4］

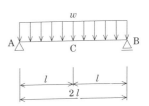

演習問題 4·5 ▷ 片持ばり＋集中荷重の応力図

図のような2つの集中荷重を受ける片
持ばりの応力図を描け.

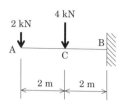

演習問題 4·6 ▷ 片持ばり＋等分布荷重の応力図

図のような等分布荷重を受ける片持ばり
の応力図を描け.

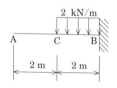

演習問題 4·7 ▷ 張り出しばりの応力図

図のような集中荷重を受ける張り出しば
りの応力図を描け.　　［参考：二級・H14-4］

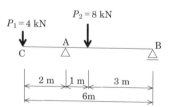

演習問題 4·8 ▷ モーメント荷重が作用したときの応力図

図のようなモーメント荷重を受ける単純
ばりの応力図を描け.　　［参考：二級・H17-4］

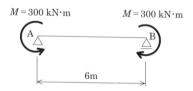

5章

断面と応力度

　はりなどの骨組が，荷重に対して安全かどうかの判断は，各部材の断面に生じている応力度で判断する．応力図から応力の最大値を求め、この応力によって，部材断面の単位面積当りに生じている応力度について計算する．

1 断面係数

基本問題 1

次の長方形断面の断面係数を求めよ．

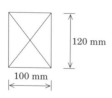

120 mm

100 mm

（1）

200 mm

120 mm

（2）

公 式

幅 b ×高さ h の長方形断面の断面係数 Z

$$Z = \frac{bh^2}{6} \ [\text{mm}^3, \text{cm}^3]$$

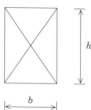

h

b

解 答

断面係数の公式より

（1）　$Z_1 = \dfrac{bh^2}{6} = \dfrac{100 \times 120^2}{6} = 240\,000 \ \text{mm}^3$

（2）　$Z_2 = \dfrac{bh^2}{6} = \dfrac{120 \times 200^2}{6} = 800\,000 \ \text{mm}^2$

断面係数とは

断面係数は，はりなどの曲げ応力度の算定に用いる係数である．

必ず覚える！

長方形断面の断面係数の公式を覚える．

$$Z = \frac{bh^2}{6}$$

ここがポイント！

断面係数が大きいほど曲げに対して強い．

基本問題 2

難易度 ★☆☆

次のはりの断面係数の比 $Z_a : Z_b$ を求めよ.

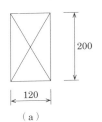
（a）

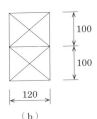
（b）

参考 ▶ [二級] H1-3

これで納得！

重ねばりは, 部材相互が接合されていない. したがって, 断面係数は部材の数に比例して小さくなる.

（A）

（B）

（C）

断面係数の比
$(A) : (B) : (C) = 1 : \dfrac{1}{2} : \dfrac{1}{3}$

解答

断面（a）と断面（b）は断面積が等しいが,（b）のようなはりを重ねばりといい, 部材相互は接合されていない. 断面係数は, 断面 120×100 の 2 倍とする.

（a）　$Z_a = \dfrac{bh^2}{6} = \dfrac{120 \times 200^2}{6} = 800\,000 \text{ mm}^3$

（b）　$Z_b = \dfrac{bh^2}{6} = \dfrac{120 \times 100^2}{6} \times 2 = 400\,000 \text{ mm}^3$

したがって, 断面係数の比は次のようになる.

$Z_a : Z_b = 2 : 1$

Exp UP! 1

断面積の等しい正方形断面（A）と長方形断面（B）の断面係数の比を求めよ.

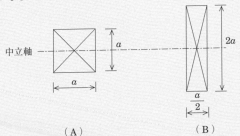

中立軸

（A）　　　　（B）

さらに！ ▶ 演習問題 5・1

基本問題 1

図のような荷重を受ける単純ばりに，断面 60 mm × 100 mm の部材を用いた場合，その部材に生じる最大曲げ応力度を求めよ．

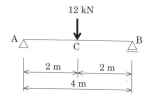

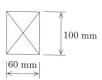

部材断面

参考 ▶[二級] H21-3

解答 ◇ 反力の計算

鉛直反力 $V_A = V_B = 12\,000 × \dfrac{1}{2} = 6\,000$ kN

水平反力 $H_A = 0$

◇ 応力図

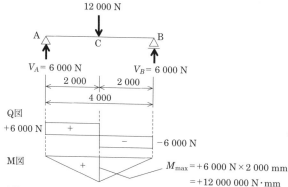

$M_{max} = +6\,000$ N × $2\,000$ mm
$= +12\,000\,000$ N・mm

◇ 断面係数

$$Z = \frac{bh^2}{6} = \frac{60 × 100^2}{6} = 100\,000 \text{ mm}^3$$

◇ 応力度

最大曲げ応力度

$$\sigma_b = \frac{M_{max}}{Z} = \frac{12\,000\,000}{100\,000} = 120 \text{ N/mm}^2$$

∴ 最大曲げ応力度 $\sigma_b = 120$ N/mm²

ここに注意！

応力度の計算は，N と mm で進める．許容応力度の単位が法令により N/mm² と定められているからである．

ここがポイント！

最大曲げモーメントの位置で最大曲げ応力度 σ_b が発生する．

応力度の公式（長方形断面）
（1）最大曲げ応力度

$$\sigma_b = \frac{M_{max}}{Z}$$

M_{max}：最大曲げモーメント
Z：断面係数

（2）最大せん断応力度

$$\tau = 1.5 × \frac{Q_{max}}{A}$$

Q_{max}：最大せん断力
A：断面積

基本問題 2

難易度 ★★☆

　図のような荷重 P〔N〕を受ける長さ l〔mm〕，断面 b〔mm〕×$2h$〔mm〕の単純ばりに生じる最大曲げ応力度を求めよ．ただし，はりを構成する 2 つの材は，それぞれ相互に接合されていないものとし，はりの自重は無視するものとする．

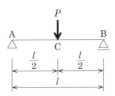

はり断面

参考 ▶ [二級] H14-3

5 章

解答 ◇ 応力図

ここがポイント！

構成する二つの材が，それぞれ相互に接合されていないものを重ねばりといい，断面係数は単独に用いた場合の 2 倍とする．

応力図については，4 章 1 節で求めた．

$$\therefore \quad M_{\max} = +\frac{Pl}{4}$$

◇ 断面係数

$$Z = \frac{bh^2}{6} \times 2 = \frac{bh^2}{3}$$

◇ 応力度

最大曲げ応力度

$$\sigma_b = \frac{M_{\max}}{Z} = +\frac{Pl}{4} \div \frac{bh^2}{3} = +\frac{Pl}{4} \times \frac{3}{bh^2} = +\frac{3Pl}{4bh^2}$$

$$\therefore \quad \sigma_b = +\frac{3Pl}{4bh^2}$$

EXP UP! 2

　図のような荷重を受ける単純ばりに，断面 12 cm×20 cm の部材を用いたとき，その部材に生じる最大曲げ応力度を求めよ．ただし，応力度の単位は N/mm² とする．

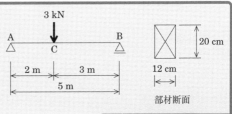

部材断面

参考 ▶ [二級] H2-3
さらに ▶ 演習問題 5・2

3 曲げを受ける材（単純ばり＋等分布荷重）の曲げ応力度

基本問題 1

難易度 ★★☆

図のような荷重 $w = 4\,\text{N/mm}$ を受ける単純ばりに，断面 120 × 200 の部材を用いた場合，その部材に生じる最大曲げ応力度を求めよ．

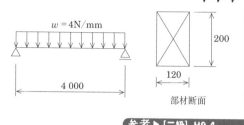

部材断面

参考 ▶ [二級] H9-4

解答

反力の計算

$$V_A = V_B = \frac{4 \times 4\,000}{2} = 8\,000\,\text{N} \qquad H_A = 0$$

応力図

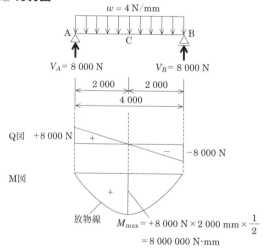

$$M_{\max} = +8\,000\,\text{N} \times 2\,000\,\text{mm} \times \frac{1}{2}$$
$$= 8\,000\,000\,\text{N·mm}$$

断面係数

$$Z = \frac{bh^2}{6} = \frac{120 \times 200^2}{6} = 800\,000\,\text{mm}^3$$

応力度の計算

最大曲げ応力度 $\sigma_b = \dfrac{M_{\max}}{Z} = \dfrac{8\,000\,000}{800\,000} = 10\,\text{N/mm}^2$

∴ 最大曲げ応力度 $\sigma_b = 10\,\text{N/mm}^2$

これで納得！

最大曲げ応力度 σ_b は，引張側（＋）と圧縮側（−）に生じている．計算では絶対値を求めている．

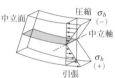

ここがポイント！

【M図】ゴムひもだ！

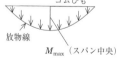

基本問題 2

図のような等分布荷重を受ける単純ばりに，断面 75 mm × 200 mm の部材を用いた場合，C の最大曲げ応力度が 1 N/mm^2 となるときのはりの長さ l を求めよ．

ただし，部材の断面は一様とし，自重は無視するものとする．

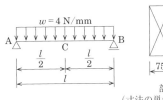

$w = 4 \text{ N/mm}$

A ⊿——C——⊿ B

$\dfrac{l}{2}$ 　 $\dfrac{l}{2}$

l

200

75

部材断面
（寸法の単位は mm とする）

参考 ▶ [二級] H26-2

応力図

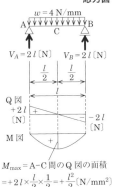

$w = 4 \text{ N/mm}$

A B

$V_A = 2l \text{ (N)}$ 　 $V_B = 2l \text{ (N)}$

$\dfrac{l}{2}$ 　 $\dfrac{l}{2}$

l

Q 図
$+2l$ 〔N〕
$-2l$ 〔N〕

M 図

$M_{\max} = \text{A–C 間の Q 図の面積}$
$= +2l \times \dfrac{l}{2} \times \dfrac{1}{2} = +\dfrac{l^2}{2} \text{〔N/mm}^2\text{〕}$

解答

応力図

最大曲げモーメント $M_{\max}$ は，応力図からも求められるが，ここでは公式

$$M_{\max} = \frac{wl^2}{8} \text{ より} \qquad M_{\max} = \frac{4l^2}{8} = \frac{l^2}{2}$$

断面係数

$$断面係数 \ Z = \frac{bh^2}{6} = \frac{75 \times 200^2}{6} = 500\,000 \text{ mm}^2$$

応力度の計算

$$最大曲げ応力度 \ \sigma_b = \frac{M_{\max}}{Z} \qquad 1 = \frac{\dfrac{l^2}{2}}{500\,000}$$

$$\therefore \quad l = 1\,000 \text{ mm}$$

EXP UP! 3

図のような荷重 $w = 4 \text{ N/mm}$ を受ける単純ばりに，断面 120 × 200 の部材を用いた場合，その部材に生じる最大せん断応力度を求めよ．

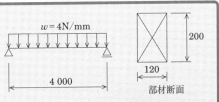

$w = 4 \text{ N/mm}$

4 000

200

120

部材断面

参考 ▶ [二級] H9-4

さらに！ ▶ 演習問題 5・3

4 曲げを受ける材（片持ばり）の曲げ応力度

難易度 ★★☆

基本問題 1

図のような荷重を受ける片持ばりに，断面 12 cm × 20 cm の部材を用いた場合，その部材に生じる最大曲げ応力度を求めよ．

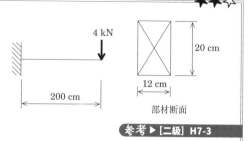

部材断面

参考 ▶[二級] H7-3

解答

応力図

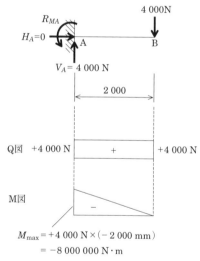

$$M_{\max} = +4\,000\ \text{N} \times (-2\,000\ \text{mm})$$
$$= -8\,000\,000\ \text{N·m}$$

〔注〕右側からの距離には（−）を付ける．

断面係数

$$Z = \frac{bh^2}{6} = \frac{120 \times 200^2}{6} = 800\,000\ \text{mm}^3$$

応力度の計算

最大曲げ応力度

$$\sigma_b = \frac{M_{\max}}{Z} = \frac{8\,000\,000}{800\,000} = 10\ \text{N/mm}^2$$

$$\therefore\quad \sigma_b = 10\ \text{N/mm}^2$$

ここに注意！
応力度の計算は，N と mm で進める．許容応力度の単位が法令により N/mm² と定められているからである．

ここがポイント！

【M 図】棚の補強ワイヤ

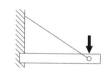

これで納得！
最大曲げモーメントは絶対値で計算する．符号は変形の向きを表し，部材に与える影響は同じだからである．

基本問題 2

難易度 ★★☆

図のような荷重を受ける片持ばりに，断面 200 mm×300 mm の部材を用いた場合，最大曲げ応力度が 10 N/mm² となるときのはりの長さ l を求めよ。

ただし，部材の自重は無視するものとする。

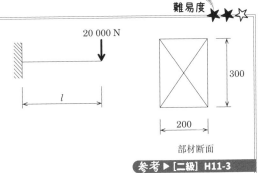

部材断面

参考 ▶ [二級] H11-3

5 章

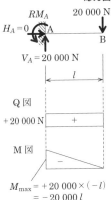

応力図

RM_A　20 000 N

$H_A = 0$　A　B

$V_A = 20\,000$ N

Q 図

+20 000 N　+

M 図

－

$M_{\max} = +20\,000 \times (-l)$
　　　$= -20\,000\,l$

〔注〕右側からの距離には（－）を付ける。

解答

◇ 応力図　左図

◇ 断面係数

$$断面係数\ Z = \frac{bh^2}{6} = \frac{200 \times 300^2}{6} = 3\,000\,000\ \text{mm}^3$$

◇ 応力度の計算

応力図より，$M_{\max} = 20\,000\,l$（絶対値）

$$最大曲げ応力度\ \sigma_b = \frac{M_{\max}}{Z}$$

$$10 = \frac{20\,000\,l}{3\,000\,000}$$

$$\therefore\quad l = 1\,500\ \text{mm}$$

EXP UP! 4

図のような集中荷重 P〔N〕を受ける長さ l〔mm〕の片持ばりに，断面 b〔mm〕×h〔mm〕の部材を用いた場合，その部材に生じる最大曲げ応力度を求めよ。

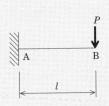

P

A　B

l

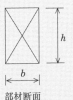

h

b

部材断面

さらに！ ▶ 演習問題 5・4

5 せん断を受ける材

基本問題 1

図のように2枚の鋼板がボルト接合され，引張力 50 kN が作用している．このときのせん断応力度を計算し，安全かどうか判断せよ．

ただし，ボルトは普通ボルトで軸の直径を 16 mm とし，許容せん断応力度 f_s = 90.4 N/mm^2 とする．

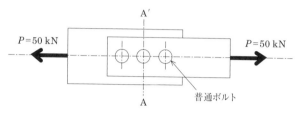

A'

P=50 kN P=50 kN

普通ボルト

A

解答

このボルト軸は，一面せん断を受ける材である．

ボルト軸の断面積 $A = \dfrac{\pi \times 16^2}{4} = 201$ mm^2

せん断応力度 $\tau = \dfrac{P}{A} = \dfrac{50\,000}{201 \times 3} = 82.9$ N/mm^2

$\leqq$ 許容せん断応力度 $f_s = 90.4$ N/mm^2

∴ 安全といえる．

公式

単純せん断を受ける材のせん断応力度．

$\tau = \dfrac{Q}{A}$

Q：せん断力，A：断面積

これで納得！

計算した応力度が許容応力度以下であることが安全の条件である．

🔧 補足　はりのせん断応力度

はりの場合，部材には曲げとせん断が生じていて，せん断応力度は曲げの影響を受ける．長方形断面の場合下図のような分布となり，最大せん断応力度 $\tau_{\max}$ は単純せん断の場合のせん断応力度の 1.5 倍となる．

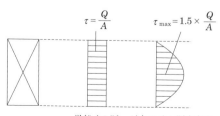

$\tau = \dfrac{Q}{A}$ $\tau_{\max} = 1.5 \times \dfrac{Q}{A}$

単純せん断　はりのせん断応力度
（長方形断面）

ここがポイント！

長方形断面のはりのせん断応力度は，単純せん断の場合の 1.5 倍となる．

基本問題 2

難易度 ★☆☆

図のように 3 枚の鋼板がボルト接合され，引張力 $P = 100$ kN が作用している．このときのせん断応力度を計算せよ．

ただし，ボルトは普通ボルトで軸の直径を 22 mm とする．

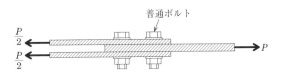

普通ボルト

$\dfrac{P}{2}$

$\dfrac{P}{2}$

P

解答

ここがポイント！

普通ボルト接合では，ボルト軸のせん断面が引張力に抵抗する．高力ボルト摩擦接合では，ボルトの軸に導入された張力により生じる接合部材間の摩擦力によって，引張力に抵抗する．

このボルト軸は，二面せん断を受ける材である．

$$\text{ボルト軸の断面積 } A = \frac{\pi \times 22^2}{4} = 380 \text{ mm}^2$$

せん断応力度

$$\tau = \frac{P}{A} = \frac{100\,000}{380 \times 2\,[\text{面}] \times 2\,[\text{本}]} = 65.8 \text{ N/mm}^2$$

5 章

Exp Up! 5

図のように 2 枚の鋼板が隅肉溶接で接合され，引張力 100 kN が作用している．このときの安全を検討せよ．隅肉溶接は，両側面に施され，サイズ 10 mm，溶接長さは 100 mm とし，溶接部の許容せん断応力度 $f_s = 90.4$ N/mm^2 とする．

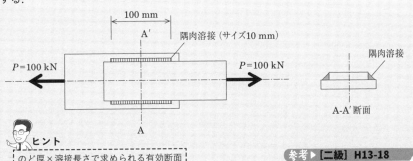

100 mm

A′

隅肉溶接（サイズ10 mm）

$P = 100$ kN

$P = 100$ kN

A

隅肉溶接

A-A′断面

ヒント

のど厚×溶接長さで求められる有効断面が引張力に抵抗すると考える．

参考 ▶ [二級] H13-18

さらに！ ▶ 演習問題 5・5

6 引張を受ける材

基本問題 1

直径 22 mm，長さ 3 m の棒鋼に，40 kN の引張力を加えた場合の引張応力度を求めよ．また，棒鋼のヤング係数 $E = 2.05 \times 10^5 \, \text{N/mm}^2$ としたとき，棒鋼の伸びを求めよ．

$P = 40 \, \text{kN}$　　　　$P = 40 \, \text{kN}$

$l = 3 \, \text{m}$

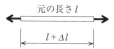

参考 ▶ [二級] H20-23

解答

応力度の計算

断面積 $A = \dfrac{\pi d^2}{4} = \dfrac{\pi \times 22^2}{4} = 380 \, \text{mm}^2$

∴ 引張応力度 $\sigma_t = \dfrac{P}{A} = \dfrac{40\,000}{380} = 105.3 \, \text{N/mm}^2$

棒鋼の伸び

伸び $\Delta l = \dfrac{Pl}{AE}$ より

$\Delta l = \dfrac{40\,000 \times 3\,000}{380 \times 205\,000} = 1.5$

∴ 伸び $\Delta l = 1.5 \, \text{mm}$

参考

応力度-ひずみ度曲線

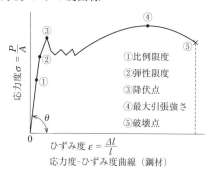

①比例限度
②弾性限度
③降伏点
④最大引張強さ
⑤破壊点

応力度-ひずみ度曲線（鋼材）

ここがポイント！

引張応力度 $\sigma_t = \dfrac{引張力 \, P}{断面積 \, A}$

引張応力度は，断面 1 mm^2 当たりの引張力のこと．

棒鋼の伸び量

元の長さ l

$l + \Delta l$

応力度とひずみ度の関係

$\sigma_t = E \cdot \varepsilon$

ここで，$\sigma_t = \dfrac{P}{A}$

また，$\varepsilon = \dfrac{\Delta l}{l}$ より，

$\dfrac{P}{A} = E \cdot \dfrac{\Delta l}{l}$

∴ 伸び量 $\Delta l = \dfrac{Pl}{AE}$

難易度 ★★☆

基本問題 2

　図のような断面積が一定で長さが $2l$ である棒に，軸方向力 P が矢印の向きに作用している．このとき，棒の右端の軸方向変位（右向き）の値 δ_B を求めよ．ただし，棒の断面積を A，ヤング係数を E とし，自重は，無視するものとする．

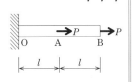

参考 ▶ [一級] H5-1

解答

ここがポイント！

各区間ごとの軸方向力（引張力）を計算して伸びを求める．その合計が軸方向変位となる．

棒鋼の伸び量

引張力を軸方向力 N として，

∴　伸び量 $\Delta l = \dfrac{Nl}{AE}$

Step-1　軸方向力図（N 図）

Step-2　軸方向変位

（ i ）O-A 間の伸び Δl_1

$N = +2P$ より，$\Delta l_1 = \dfrac{2Pl}{AE}$

（ ii ）A-B 間の伸び Δl_2

$N = +P$ より，$\Delta l_2 = \dfrac{Pl}{AE}$

よって

$$\delta_B = \Delta l_1 + \Delta l_2 = \dfrac{3Pl}{AE}$$

Exp Up! 6

　図のような剛体に結合されている部材 A-D が，弾性変形の範囲内で同一の変形（伸び）となるように力 P を下方に加えた場合，部材 A-D に生じる垂直応力度の大小関係を比較せよ．ただし，部材 A-D の断面積は同一とし，ヤング係数 E および長さ l は下表に示す値である．また，部材 A-D および剛体の自重は無視するものとする．

部材	ヤング係数 E 〔kN/mm^2〕	部材の長さ l 〔mm〕
A	200	200
B	200	100
C	100	100
D	100	200

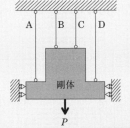

ヒント

伸び Δl が同じときの引張応力度（垂直応力度）の大小関係について考える．

参考 ▶ [二級] H18-4

さらに！ ▶ 演習問題 5・6

7 偏心荷重を受ける材

基本問題 1

難易度 ★★★

図のような偏心荷重を受ける短柱において，断面に引張応力度が生じない偏心距離 e の最大値を求めよ.

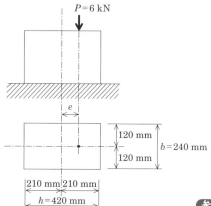

$P = 6\ \text{kN}$

120 mm
120 mm
$b = 240\ \text{mm}$

210 mm　210 mm
$h = 420\ \text{mm}$

参考 ▶ [二級] S62-2

🔷 解法の手順

圧縮側の最大応力度 $\sigma_c = -\dfrac{P}{A} - \dfrac{P \cdot e}{Z}$ … (1)

引張側の最大応力度 $\sigma_t = -\dfrac{P}{A} + \dfrac{P \cdot e}{Z}$ … (2)

🔷 引張応力度の発生しない条件

引張側の最大応力度 ≦0 となればよいので

$$-\frac{P}{A} + \frac{P \cdot e}{Z} \leqq 0 \quad \cdots \ (3)$$

式 (3) に長方形断面の断面積 $A = bh$，断面係数 $Z = \dfrac{bh^2}{6}$ を代入して計算すると

$$\therefore \quad e \leqq \frac{h}{6}$$

解答

したがって，引張応力度が生じない e の最大値は

$$\therefore \quad e = \frac{420}{6} = 70\ \text{mm}$$

ここがポイント！

偏心荷重が作用したとき，偏心による曲げ応力度が生じる. 偏心が大きくなると反対側に引張応力度が生じる.

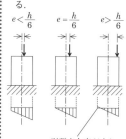

$e < \dfrac{h}{6}$ 　 $e = \dfrac{h}{6}$ 　 $e > \dfrac{h}{6}$

引張応力度が生じる

必ず覚える！

引張応力度が発生しない荷重の偏心範囲を断面の核という.

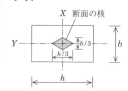

X 断面の核
Y
$b/3$
b
$h/3$
h

基本問題 2

　図のような正方形断面材の A 点および A′点に荷重 P が作用させたとき，断面 S の B 点に生じる応力度を求めよ．ただし，引張応力度を正とし，圧縮応力度を負とする．

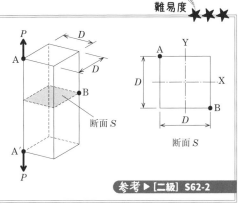

断面 S

断面 S

参考 ▶ [二級] S62-2

5 章

解答　点 B には偏心荷重 P により，X 方向，Y 方向ともに圧縮応力度が生じる．

ここがポイント！

X 軸および Y 軸方向に偏心して，軸方向力が作用した場合の縁応力度は，軸方向力 N と 2 方向の曲げモーメント $M_x = \pm N \cdot e_y$ と $M_y = \pm N \cdot e_x$ が同時に作用したものとして組合せを考える．

$$\sigma = +\frac{P}{A} - \frac{M_x}{Z_x} - \frac{M_y}{Z_y}$$

ここで，$A = D^2$

$$Z_x = Z_y = \frac{D^3}{6}$$

$$M_x = M_y = P \cdot \frac{D}{2} = \frac{PD}{2}$$

これらをそれぞれ代入すると

$$\sigma = +\frac{P}{D^2} - \frac{\dfrac{PD}{2}}{\dfrac{D^3}{6}} - \frac{\dfrac{PD}{2}}{\dfrac{D^3}{6}} = -\frac{5P}{D^2} \qquad \therefore \quad \sigma = -\frac{5P}{D^2}$$

EXP UP! 7

　図の柱 BC の断面における引張側端部，圧縮側端部の垂直応力度の大きさを求めよ．ただし，荷重 P は x 軸上に作用している．

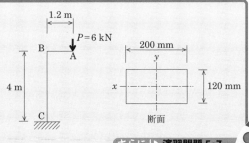

断面

さらに！▶ 演習問題 5・7

Exp Up! 1

断面係数の公式 $Z = \dfrac{bh^2}{6}$ より

(A) $Z_A = \dfrac{a \times a^2}{6} = \dfrac{a^3}{6}$

(B) $Z_B = \dfrac{\dfrac{a}{2} \times (2a)^2}{6} = \dfrac{2a^3}{6}$

$\therefore \quad Z_A : Z_B = 1 : 2$

Exp Up! 2

Step-1　反力の計算

$V_A = 3\,000 \times \dfrac{3}{5} = 1\,800$ N

$V_B = 3\,000 \times \dfrac{2}{5} = 1\,200$ N

$H_A = 0$

Step-2　応力図

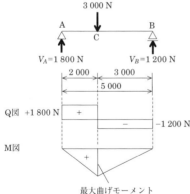

最大曲げモーメント
$M_{\max} = 1\,800 \times 2\,000 = 3\,600\,000$ N・mm

Step-3　断面係数

$Z = \dfrac{bh^2}{6} = \dfrac{120 \times 200^2}{6}$

$= 800\,000$ mm^3

部材断面

Step-4　最大曲げ応力度

$\sigma_b = \dfrac{M_{\max}}{Z} = \dfrac{3\,600\,000}{800\,000} = 4.5$ N/mm^2

$\therefore \quad \sigma_b = 4.5$ N/mm^2

Exp Up! 3

Step-1　応力図

5章3節基本問題1より

最大せん断力 $Q_{\max} = 8\,000$ N

Step-2　断面積

$A = bh = 120 \times 200 = 24\,000$ mm^2

Step-3　最大せん断応力度

$\tau = 1.5 \times \dfrac{Q_{\max}}{A}$

$= 1.5 \times \dfrac{8\,000}{24\,000} = 0.5$ N/mm^2

Exp Up! 4

Step-1　応力図

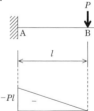

M図

最大曲げモーメント $M_{\max} = Pl$（絶対値）

Step-3　断面係数

$Z = \dfrac{bh^2}{6}$

部材断面

Step-4　最大曲げ応力度

$\sigma_b = \dfrac{M_{\max}}{Z} = \dfrac{Pl}{\dfrac{bh^2}{6}} = Pl \times \dfrac{6}{bh^2} = \dfrac{6Pl}{bh^2}$

Exp Up! 5

Step-1　のど厚の計算

溶接部

のど厚は溶接サイズの $\dfrac{1}{\sqrt{2}} = 0.7$ 倍となるので，のど厚 $= 10 \times 0.7 = 7$ mm

Step-2　有効断面

溶接部では，有効断面（＝のど厚×溶接長さ）が，引張力 P によるせん断力に抵抗する．

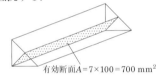

有効断面 $A = 7 \times 100 = 700$ mm^2

Step-3　せん断応力度

溶接は両側面に施されているので，有効断面は 2 倍して考える．

せん断応力度 $\tau = \dfrac{P}{A} = \dfrac{100\,000}{700 \times 2}$
$$= 71.4 \text{ N/mm}^2$$

Step-4　安全の検討

せん断応力度 $\tau = 71.4$ N/mm^2
　　$\leqq$ 許容せん断応力度 $f_s = 90.4$ N/mm^2
∴　安全といえる．

Exp Up! 6

応力度とひずみ度の関係式：$\sigma = E \times \varepsilon$

ひずみ度 $\varepsilon = \dfrac{\Delta l}{l}$ より　∴　$\sigma = \dfrac{E \cdot \Delta l}{l}$

よって，引張応力度 σ は，ヤング係数

E および伸び Δl に比例し，長さ l に反比例する．この問題では，部材 A-D の Δl は等しいことから，垂直応力度 σ の大小関係は，$\dfrac{E}{l}$ の大小関係を比較する．

A：$\dfrac{200}{200} = 1.0$,　B：$\dfrac{200}{100} = 2.0$

C：$\dfrac{100}{100} = 1.0$,　D：$\dfrac{100}{200} = 0.5$

∴　B＞A＝C＞D

Exp Up! 7

Step-1　圧縮応力度：圧縮力 $P = 6\,000$ N が中心に作用したときの応力度 σ_1 は

$$\sigma_1 = -\frac{P}{A} = -\frac{6\,000}{120 \times 200} = -0.25 \text{ N/mm}^2$$

Step-2　偏心による曲げ応力度

〈偏心による曲げモーメント〉

$M = P \cdot e = 6\,000 \times 1\,200$
$$= 7\,200\,000 \text{ N} \cdot \text{mm}$$

〈断面係数〉

$$Z = \frac{bh^2}{6} = \frac{120 \times 200^2}{6} = 800\,000 \text{ mm}^3$$

〈偏心による曲げ $M = P \cdot e$ の応力度 σ_2〉

$$\sigma_2 = \pm\frac{M}{Z} = \pm\frac{7\,200\,000}{800\,000} = \pm 9.0 \text{ N/mm}^2$$

Step-3　組合せ応力度

〈圧縮側の最大応力度〉

$\sigma_c = -\dfrac{P}{A} - \dfrac{M}{Z} = -0.25 - 9.0$
$$= -9.25 \text{ N/mm}^2$$

〈引張側の最大応力度〉

$\sigma_t = -\dfrac{P}{A} + \dfrac{M}{Z} = -0.25 + 9.0$
$$= +8.75 \text{ N/mm}^2$$

演習問題

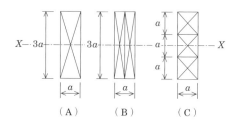

演習問題 5·1 〉 断面係数

　断面積の等しい長方形断面（A），（B），（C）の断面係数の比を求めよ．ただし，（B），（C）を構成する部材は，それぞれ相互に接合されていないものとする．　［参考：一級・H18-1］

演習問題 5·2 〉 曲げを受ける材（単純ばり＋集中荷重）の曲げ応力度

　図のような荷重 P〔N〕を受ける長さ l〔mm〕の単純ばりに断面 b〔mm〕×h〔mm〕の部材を用いたとき，その部材に生じる最大曲げ応力度の大きさを求めよ．　［参考：二級・H13-3］

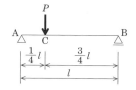

部材断面

演習問題 5·3 〉 曲げを受ける材（単純ばり＋等分布荷重）の曲げ応力度

　図のような等分布荷重 w〔N/mm〕を受ける長さ l〔mm〕の単純ばりに，断面 b〔mm〕×h〔mm〕の部材を用いた場合，その部材に生じる最大曲げ応力度を求めよ．

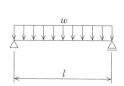
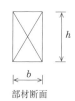

部材断面

演習問題 5·4 〉 曲げを受ける材（片持ばり）の曲げ応力度

　図のような等分布荷重 w〔N/mm〕を受ける長さ l〔mm〕の片持ばりに，断面 b〔mm〕×h〔mm〕の部材を用いた場合，その部材に生じる最大曲げ応力度を求めよ．　［参考：二級・R2-2］

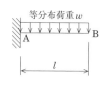
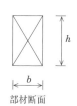

部材断面

演習問題 5・5 ｜ せん断を受ける材

　図のような2枚の鋼板を4本の高力ボルトを用いて摩擦接合した場合，接合部の短期許容せん断耐力と等しくなるような引張力 P〔kN〕の値を求めよ.

　ただし，ボルト1本当りの一面摩擦の長期許容せん断耐力は47 kN とする.

［参考：二級・H14-18］

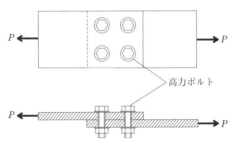

高力ボルト

演習問題 5・6 ｜ 引張を受ける材

　図のような断面積が一定で長さが $3l$ である棒に，軸方向力 P, P, $2P$ が矢印の向きに作用している. このとき，棒の下端の軸方向変位（下向き）の値 δ_B を求めよ. ただし，棒の断面積を A，ヤング係数を E とし，自重は，無視するものとする.

［参考：一級・H5-1］

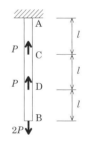

演習問題 5・7 ｜ 偏心荷重を受ける材

　図のような長方形断面材の A 点および B 点に荷重 P が作用している場合，線分 AB に垂直な断面 S に生じる「引張応力度の最大値」と「圧縮応力度の最大値」を求めよ. ただし，長方形断面材は等質等断面であり，線分 AB は断面寸法に比べて十分に長いものとする.

［参考：一級・H14-1］

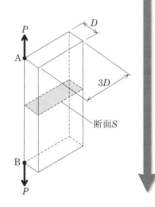

断面S

6章

変形と座屈

　まず，変形や座屈の計算に必要な断面一次モーメントと断面二次モーメントについて学ぶ．それから，単純ばりや片持ばりにさまざまな荷重が作用したときの，たわみ量について計算する．また，長柱やラーメンの座屈に関しても学習する．

1 断面一次モーメント

基本問題 1

図のような T 形断面において，底辺から図心 G までの距離 y を求めよ.

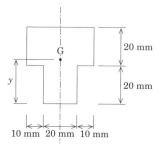

解答

図のように T 形断面を断面①，断面②に分割する.

底辺から，それぞれの図心 G_1，G_2 までの距離は，

$y_1 = 30$ mm，$y_2 = 10$ mm と求められる.

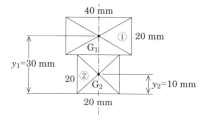

ここで，断面一次モーメントの性質より

（全体の面積）×（全体の図心 G までの距離）

= （①の面積）×（①の図心までの距離）

+ （②の面積）×（②の図心までの距離）

数値を入れて

$(40 \times 20 + 20 \times 20) \times y$

$= (40 \times 20) \times 30 + (20 \times 20) \times 10$

$1\,200\,y = 24\,000 + 4\,000$

$1\,200\,y = 28\,000$

∴ $y = 23.3$ mm

この問題のねらい！

断面一次モーメントの性質を利用して図心を求める問題である.

断面一次モーメント

$S = A \times y$ 〔mm^3 または cm^3〕

A：面積

y：図心までの距離

断面一次モーメントの性質

全体の断面一次モーメント

　= Σ（各部分の断面一次モーメント）

これで納得！

左右対称形の断面の場合，図心 G は中心線上にあり，y 方向の位置を求める.

基本問題2

難易度 ★☆☆

図のような断面において，図心の座標 $(x_0,\ y_0)$ の値を求めよ．

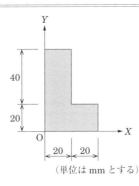

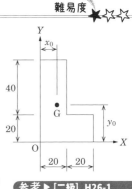

（単位は mm とする）

参考 ▶ [二級] H26-1

解答

全体 ＝ 断面① ＋ 断面②より

Step-1　x_0 を求める計算

$(20\times40+40\times20)\times x_0$

$\qquad = (20\times40)\times10+(40\times20)\times20$

$1\,600\,x_0 = 8\,000+16\,000$

$1\,600\,x_0 = 24\,000 \qquad \therefore\quad x_0 = 15\ \text{mm}$

Step-2　y_0 を求める計算

$(20\times40+40\times20)\times y_0$

$\qquad = (20\times40)\times40+(40\times20)\times10$

$1\,600\,y_0 = 32\,000+8\,000$

$1\,600\,y_0 = 40\,000 \qquad \therefore\quad y_0 = 25\ \text{mm}$

$\therefore$　図心の座標 $(15,\ 25)$，単位：mm

断面の分割

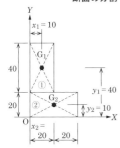

EXP UP! 1

図のような T 形断面において，図心の座標 $(x_0,\ y_0)$ の値を求めよ．

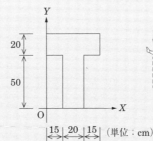

ヒント

左右対称形の断面であるので，x_0 は簡単に求められる．

参考 ▶ [二級] H18-2

さらに! ▶ 演習問題 6・1

111

2 断面二次モーメント（図心軸）

難易度 ★☆☆

基本問題 1

図のような長方形断面の X 軸および Y 軸に関する断面二次モーメントをそれぞれ I_X, I_Y としたとき，それらの比 $I_X : I_Y$ を求めよ．

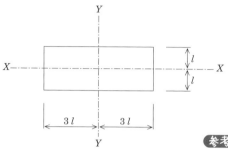

参考 ▶ [二級] H13-2

解答

X 軸に関する断面二次モーメント

$$I_X = \frac{6l \times (2l)^3}{12} = \frac{6l \times 8l^3}{12} = \frac{48l^4}{12} = 4l^4$$

Y 軸に関する断面二次モーメント

$$I_Y = \frac{2l \times (6l)^3}{12} = \frac{2l \times 216l^3}{12} = \frac{432l^4}{12} = 36l^4$$

$$\therefore \quad I_X : I_Y = 4l^4 : 36l^4 = 1 : 9$$

◇ 補足　断面係数の根拠

断面係数は，断面二次モーメントを図心軸（中立軸）から縁端までの距離 y（図心軸から上端または下端までの距離）で割って求める．

$$断面係数 Z = \frac{断面二次モーメント I}{縁端距離 y} = \frac{\dfrac{bh^3}{12}}{\dfrac{h}{2}} = \frac{bh^3}{12} \times \frac{2}{h}$$

$$\therefore \quad Z = \frac{bh^2}{6}$$

公式

長方形断面の図心軸（X 軸）に関する断面二次モーメント I_X は，次式で表される．

$$I_X = \frac{bh^3}{12} \ [\mathrm{mm^4 \ または \ cm^4}]$$

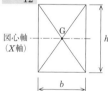

ここがポイント！

着目する軸に平行な方向が幅 b となり，断面二次モーメントは次式となる．

$$I = \frac{幅 \times 高さ \times 高さ \times 高さ}{12}$$

長方形断面

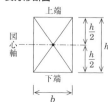

基本問題2

図のような長方形断面のX軸およびY軸に関する断面二次モーメントをそれぞれI_X, I_Yとしたとき，それらの比$I_X : I_Y$を求めよ．

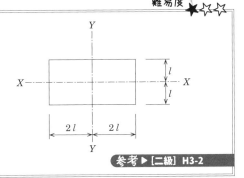

参考▶[二級] H3-2

解答

X軸に関する断面二次モーメント

$$I_X = \frac{4l \times (2l)^3}{12} = \frac{32l^4}{12}$$

Y軸に関する断面二次モーメント

$$I_Y = \frac{2l \times (4l)^3}{12} = \frac{128l^4}{12}$$

$$\therefore \quad I_X : I_Y = 32 : 128 = 1 : 4$$

EXP UP! 2

図のような断面Aおよび断面Bにおいて，断面AのX軸およびY軸に関する断面二次モーメントをそれぞれI_{XA}, I_{YA}，断面BのX軸およびY軸に関する断面二次モーメントをそれぞれI_{XB}, I_{YB}としたとき，大きい順に並べよ．ただし，$h > b$とし，Gは図心を示す．

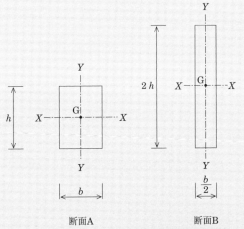

断面A   断面B

参考▶[二級] H19-5

さらに!▶演習問題 6·2

3 断面二次モーメント（図心軸以外）

基本問題 1

図のような長方形断面の X' 軸に関する断面二次モーメントを求めよ.

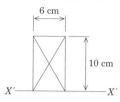

6 cm
10 cm
X' ——— X'

参考 ▶ [二級] H9-3

◇ 公式

図のように図心軸から y 離れた X' 軸に対する断面二次モーメント $I_{X'}$ は，次式で表される.

$$I_{X'} = I_X + Ay^2 = \frac{bh^3}{12} + bhy^2$$

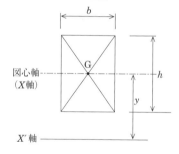

図心軸
（X軸）

X' 軸

これで納得！

図心軸から離れた軸に関しては，断面積×（離れた距離）^{2} が加算される.

$$I_{X'} = I_X + Ay^2$$

$$\begin{pmatrix} \text{図心軸に関する断面} \\ \text{二次モーメント} \\ I_X = \dfrac{bh^3}{12} \end{pmatrix}$$

解答

X' 軸は，断面の図心軸（X軸）から，$y = \dfrac{10}{2} = 5$ cm 離れている.

$$I_{X'} = \frac{6 \times 10^3}{12} + 6 \times 10 \times 5^2$$

$$= 500 + 1\,500 = 2\,000 \text{ cm}^4$$

ここがポイント！

（断面積 $= 6 \times 10$）×（離れた距離 $= 5$）^{2} を加算する.

基本問題 2

難易度 ★★☆

図のような断面の X 軸に関する断面二次モーメントを求めよ.

参考▶ [二級] S58-3

長方形 1 つの計算

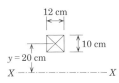

解答

長方形 1 つの断面二次モーメント×2

$$I_X = \left(\frac{bh^3}{12} + bhy^2 \right) \times 2 = \left(\frac{12 \times 10^3}{12} + 10 \times 12 \times 20^2 \right) \times 2$$

$$\therefore \quad I_X = 98\,000 \ \text{cm}^4$$

別解　全体から空洞部分を引き算する.

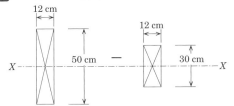

$$I_X = \frac{12 \times 50^3}{12} - \frac{12 \times 30^3}{12} = 125\,000 - 27\,000 = 98\,000$$

$$\therefore \quad I_X = 98\,000 \ \text{cm}^4$$

Exp Up! 3

図のような長方形断面の X_1 軸および X_2 軸に関する断面二次モーメントをそれぞれ I_{X1}, I_{X2} としたときの比 $I_{X1} : I_{X2}$ を求めよ.

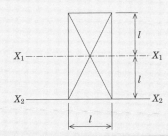

参考▶ [二級] H15-2

さらに！▶ 演習問題 6・3

4 断面二次モーメント（欠損断面）

図のような溝形断面の X 軸に関する断面二次モーメントの値を求めよ.

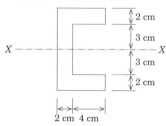

参考 ▶ [二級] H6-5

解法の手順

溝形断面などの欠損部分のある断面の断面二次モーメントは，欠損部分の断面二次モーメントを差し引いて求める.

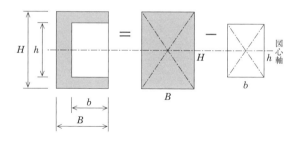

断面二次モーメント $I = \dfrac{BH^3}{12} - \dfrac{bh^3}{12}$

解答

断面二次モーメント
$$I = \frac{6 \times 10^3}{12} - \frac{4 \times 6^3}{12}$$
$$= \frac{6\,000}{12} - \frac{864}{12}$$
$$= 500 - 72 = 428 \text{ cm}^4$$

ここがポイント！

欠損部分の断面二次モーメントを差し引いて求める.

これで納得！

次の断面も同様に

$$I = \frac{BH^3}{12} - \frac{bh^3}{12}$$

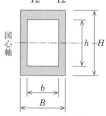

（A）中空断面

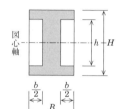

（B）I 形断面

基本問題 2

難易度 ★☆☆

図の断面における X 軸に関する断面二次モーメントの値を求めよ.

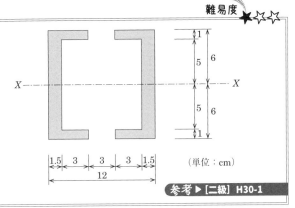

（単位：cm）

参考 ▶ [二級] H30-1

解法の手順

左半分について計算して 2 倍する.

ここがポイント！

中空部分を差し引いて求める.

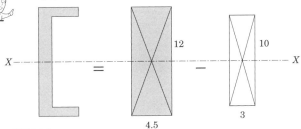

解答

$$I_X = \left(\frac{4.5 \times 12^3}{12} - \frac{3 \times 10^3}{12} \right) \times 2$$

$$\therefore \quad I_X = 796 \text{ cm}^4$$

EXP UP! 4

図のような中空断面における X 軸に関する断面二次モーメントを求めよ.

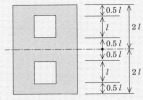

参考 ▶ [二級] H14-2

さらに！ ▶ 演習問題 6・4

5 たわみの計算（集中荷重）

図のような集中荷重 $P = 10\,\text{kN}$ を受ける単純ばりに，断面 $12\,\text{cm} \times 20\,\text{cm}$ の部材を用いた場合，その部材に生じる最大たわみ $\delta_{\max}$ を求めよ．ただし，木材のヤング係数を $E = 0.69 \times 10^4\,\text{N/mm}^2$ とする．

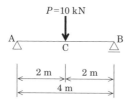

部材断面

解答

単位はすべて〔N〕と〔mm〕に統一して計算を進める．

木材のヤング係数

$$E = 0.69 \times 10^4\,\text{N/mm}^2 = 6\,900\,\text{N/mm}^2$$

断面二次モーメント

$$I = \frac{bh^3}{12} = \frac{120 \times 200^3}{12} = 80\,000\,000\,\text{mm}^4$$

最大たわみ

$$\delta_{\max} = \frac{Pl^3}{48EI}$$

$$= \frac{10\,000 \times 4\,000^3}{48 \times 6\,900 \times 80\,000\,000} = 24.2\,\text{mm}$$

$$\therefore \quad \delta_{\max} = 24.2\,\text{mm}$$

最大たわみとたわみ角

（1）単純ばり＋集中荷重

最大たわみ角 $\theta_{\max} = \theta_A = \theta_B = \dfrac{Pl^2}{16EI}$

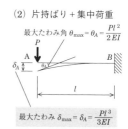

最大たわみ $\delta_{\max} = \delta_C = \dfrac{Pl^3}{48EI}$

（2）片持ばり＋集中荷重

最大たわみ角 $\theta_{\max} = \theta_A = \dfrac{Pl^2}{2EI}$

最大たわみ $\delta_{\max} = \delta_A = \dfrac{Pl^3}{3EI}$

基本問題 2

難易度 ★★☆

図のような断面形状の単純ばり A および B の中央に集中荷重 P が作用したとき，それぞれの曲げによる最大たわみ δ_A および δ_B の比を求めよ．

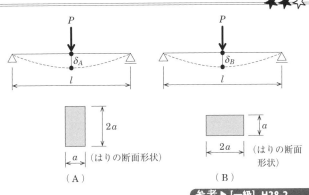

（A）　（はりの断面形状）

（B）（はりの断面形状）

参考 ▶ [一級] H28-2

解答

これで納得！
同じ断面形状でも荷重を受ける方向により，最大たわみが異なる．

最大たわみの公式より

$$\delta_A = \frac{Pl^3}{48EI_A} \qquad \delta_B = \frac{Pl^3}{48EI_B}$$

よって，$\delta_A : \delta_B = \dfrac{1}{I_A} : \dfrac{1}{I_B}$ を計算する．

$$I_A = \frac{a \times (2a)^3}{12} = \frac{8a^4}{12} \qquad I_B = \frac{2a \times a^3}{12} = \frac{2a^4}{12}$$

$$\delta_A : \delta_B = \frac{12}{8a^4} : \frac{12}{2a^4} = \frac{1}{8} : \frac{1}{2} = 1 : 4$$

$$\therefore \quad \delta_A : \delta_B = 1 : 4$$

EXP UP! 5

図に示す断面（A），（B）の木造ばりが集中荷重を受けたとき，中央におけるたわみの比 $\delta_A : \delta_B$ を求めよ．

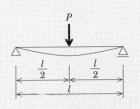

300 mm

100 mm

（A）

200 mm

150 mm

（B）

さらに！▶ 演習問題 6・5

119

6 たわみの計算（等分布荷重）

　図のような等分布荷重 $w = 4\,\text{N/mm}$ を受ける単純ばりに，断面 12 cm × 20 cm の部材を用いた場合，その部材に生じる最大たわみ $\delta_{\max}$ を求めよ．ただし，木材のヤング係数を $E = 0.69 \times 10^4\,\text{N/mm}^2$ とする．

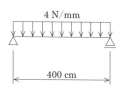

4 N/mm

400 cm

20 cm

12 cm

部材断面

解答

　単位はすべて〔N〕と〔mm〕に統一して計算を進める．

　木材のヤング係数

$$E = 0.69 \times 10^4\,\text{N/mm}^2 = 6\,900\,\text{N/mm}^2$$

　断面二次モーメント

$$I = \frac{bh^3}{12} = \frac{120 \times 200^3}{12} = 80\,000\,000\,\text{mm}^4$$

　最大たわみ

$$\delta_{\max} = \frac{5wl^4}{384EI} = \frac{5 \times 4 \times 4\,000^4}{384 \times 6\,900 \times 80\,000\,000}$$

$$= 24.2\,\text{mm}$$

$$\therefore \quad \delta_{\max} = 24.2\,\text{mm}$$

最大たわみとたわみ角

（1）単純ばり + 集中荷重

最大たわみ角 $\theta_{\max} = \theta_A = \theta_B = \dfrac{wl^3}{24EI}$

w

A θ_A　$\dfrac{l}{2}$　δ_C　$\dfrac{l}{2}$　θ_B B

l

最大たわみ $\delta_{\max} = \delta_C = \dfrac{5\,wl^4}{384\,EI}$

（2）片持ばり + 等分布荷重

最大たわみ角 $\theta_{\max} = \theta_A = \dfrac{wl^3}{6EI}$

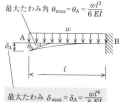

w

A δ_A θ_A B

l

最大たわみ $\delta_{\max} = \delta_A = \dfrac{wl^4}{8\,EI}$

基本問題 2

図のようなはりAおよびBに等分布荷重 w が作用したときの曲げによる最大たわみ δ_A と δ_B との比を求めよ．ただし，はりAおよびBは等質当断面の弾性部材とする．

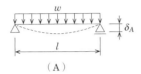

（A）

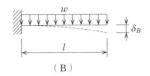

（B）

参考▶[一級] H23-2

解答

最大たわみの公式より

$$\delta_A = \frac{5wl^4}{384EI}$$

$$\delta_B = \frac{wl^4}{8EI}$$

$$\delta_A : \delta_B = \frac{5wl^4}{384EI} : \frac{wl^4}{8EI}$$

$$= \frac{5wl^4}{384EI} : \frac{48wl^4}{384EI} = 5 : 48$$

$$\therefore \quad \delta_A : \delta_B = 5 : 48$$

ここがポイント！

たわみの公式を覚えていれば，確実に解ける問題である．

EXP UP! 6

図に示す断面（A），（B）の木造ばりにおいて，はり部材の自重 w による中央におけるたわみの比 $\delta_A : \delta_B$ を求めよ．

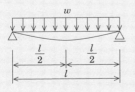

（A）

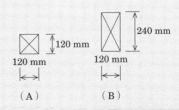

120 mm

240 mm

120 mm

120 mm

（A）　　（B）

さらに！▶ 演習問題 6·6

7 仮想仕事の原理によるたわみの計算

基本問題 1

難易度 ★★★

図の片持ばりの最大たわみ δ_B を仮想仕事の原理で求めよ.

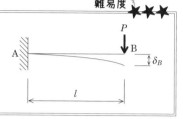

仮想仕事の原理

たわみを求めたい点（方向）に $P=1$ を作用させ，そのモーメント図を $\overline{M}$ 図とする．たわみ δ は，M 図の面積と $\overline{M}$ 図の面積の積（$M\overline{M}$ 図の面積）の合計× $1/EI$ となる.

これが基本！

仮想仕事の原理とは，仮想の外力を加え変位させたとき，外力による仕事の和 $W_{外力}$ と内力による仕事の和 $W_{内力}$ が等しいという関係を用いて，ある点の変位（たわみ）や回転角（たわみ角）を求めるものである.

$M\overline{M}$ 図の面積の計算（スパン l）

No.	M図	$\overline{M}$図	$M\overline{M}$図	面積
1	a	b	ab	$\dfrac{1}{2}abl$
2	a	b	ab	$\dfrac{1}{3}abl$
3	a	b	$\dfrac{ab}{4}$	$\dfrac{1}{6}abl$

解答

最大たわみは先端 B で生じ，これを δ_B とする.

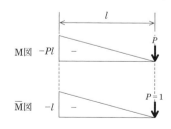

$$\delta_B = \frac{1}{3} \times (-Pl) \times (-l) \times l \times \frac{1}{EI}$$

$$= \frac{Pl^3}{3EI}$$

$$\therefore \quad \delta_B = \frac{Pl^3}{3EI}$$

ここがポイント！

たわみを求めたい先端 B に $P=1$ を作用させたときのモーメント図＝ $\overline{M}$ 図

$M\overline{M}$ 図の面積の表のうち，2（三角形）×（三角形）の $\dfrac{1}{3}abl$ を使う.

基本問題 2

　図のような片持ばりの中間点 C に集中荷重 P が作用している場合，はりの自由端 B におけるたわみ δ_B を仮想仕事の原理で求めよ．ただし，はりは，全長にわたって等質等断面であり，ヤング係数を E，断面二次モーメントを I とし，はりの質量による影響は無視できるものとする．

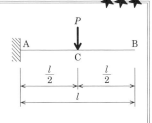

参考 ▶ [一級] H13-1

解答

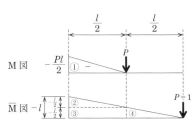

　まず，M 図を求め，次にたわみを求める点 B に $P=1$ を作用させて $\overline{M}$ 図とする．

M 図

$\overline{M}$ 図

ここがポイント！

M 図の面積に対して，$\overline{M}$ 図の面積を分割して掛け合わせる．たわみ δ は $M\overline{M}$ 図の面積の計算式を用いて計算する．

（1）　①×②× $\dfrac{1}{EI}$

$$\frac{1}{3}\times\left(-\frac{Pl}{2}\right)\times\left(-\frac{l}{2}\right)\times\frac{l}{2}\times\frac{1}{EI}=\frac{Pl^3}{24EI}$$

（2）　①×③× $\dfrac{1}{EI}$

$$\frac{1}{2}\times\left(-\frac{Pl}{2}\right)\times\left(-\frac{l}{2}\right)\times\frac{l}{2}\times\frac{1}{EI}=\frac{Pl^3}{16EI}$$

よって，$\delta_B=\dfrac{Pl^3}{24EI}+\dfrac{Pl^3}{16EI}=\dfrac{2Pl^3}{48EI}+\dfrac{3Pl^3}{48EI}=\dfrac{5Pl^3}{48EI}$

$$\therefore\quad \delta_B=\frac{5Pl^3}{48EI}$$

図の単純ばりの最大たわみを仮想仕事の原理で求めよ．

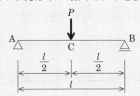

ヒント

スパン中央に $P=1$ を作用させる．

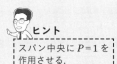

さらに！▶ 演習問題 6・7

8 座屈荷重（長柱）

基本問題 1

図のような材端の支持条件の異なる柱（A），（B），（C），（D）の座屈荷重をそれぞれ P_A，P_B，P_C，P_D としたとき，大きい順に示せ．ただし，すべての材質，断面形状および長さは同じものとする．

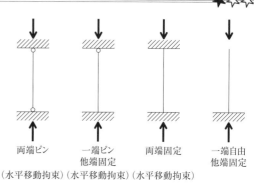

両端ピン　　一端ピン　　両端固定　　一端自由
　　　　　　他端固定　　　　　　　　他端固定
（水平移動拘束）（水平移動拘束）（水平移動拘束）

（A）　　　（B）　　　（C）　　　（D）

参考 ▶ [二級] H12-7

🔧 座屈長さ

座屈長さ l ＝ 換算係数 c × 見掛け長さ l

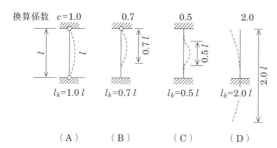

換算係数　$c=1.0$　　　0.7　　　0.5　　　2.0

$l_k=1.0\,l$　$l_k=0.7\,l$　$l_k=0.5\,l$　$l_k=2.0\,l$

（A）　　（B）　　（C）　　（D）

座屈荷重の公式

$$P_k = \frac{\pi^2 EI}{l_k^2}$$

P_k：座屈荷重〔N〕
π：円周率
E：ヤング係数〔N/mm²〕
I：断面二次モーメント〔mm⁴〕
l_k：座屈長さ〔mm〕

解答

座屈長さ＝換算係数×見掛け長さ

（A）　1.0 l

（B）　0.7 l

（C）　0.5 l

（D）　2.0 l

座屈長さの大小関係は，

（C）＜（B）＜（A）＜（D）

座屈荷重は，座屈長さの 2 乗に反比例することから，座屈荷重の大小関係は，

∴　$P_C > P_B > P_A > P_D$

これで納得！

換算係数 c は，見掛け長さ l に対する弓の部分の長さの割合を示す．柱部材は，ピンではすぐに曲がり始めるが，固定では少し経ってから曲がり始める．

座　屈

長柱において，圧縮応力度が許容応力度以下でも，材がバランスを失い横にはみ出して折れてしまう現象を座屈という．

図のような材の長さ，材端または材の中央の支持条件が異なる柱A，B，Cの座屈長さをそれぞれ l_A, l_B, l_C としたとき，それらの大小関係を大きい順に示せ．

難易度　★★☆

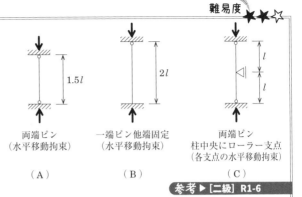

両端ピン
（水平移動拘束）

（A）

一端ピン他端固定
（水平移動拘束）

（B）

両端ピン
柱中央にローラー支点
（各支点の水平移動拘束）

（C）

参考▶ ［二級］ R1-6

解答

必ず覚える！

座屈荷重は，ヤング係数と断面二次モーメントに比例，座屈長さの2乗に反比例する．

座屈長さ l_k ＝換算係数 c ×見掛け長さ l

（A）　$1.0 \times 1.5\,l = 1.5\,l$

（B）　$0.7 \times 2\,l = 1.4\,l$

（C）　見掛け長さ l の両端ピンの柱が2本と考え，1本の座屈長さを計算する．　$1.0 \times l = 1.0\,l$

座屈長さの大小関係は，

　　（A）＞（B）＞（C）　　∴　$l_A > l_B > l_C$

EXP UP! 8

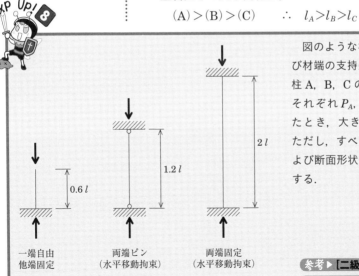

一端自由
他端固定

（A）

両端ピン
（水平移動拘束）

（B）

両端固定
（水平移動拘束）

（C）

図のような材の長さおよび材端の支持条件が異なる柱A，B，Cの座屈荷重をそれぞれ P_A, P_B, P_C としたとき，大きい順に示せ．ただし，すべて柱の材質および断面形状は同じものとする．

参考▶ ［二級］ H20-5

さらに！▶ 演習問題 6・8

125

9 座屈荷重（ラーメン）

基本問題 1

図のような構造物（A），（B），（C）における座屈荷重の理論値をそれぞれ P_A，P_B，P_C とした場合，それらの大小関係を示せ．ただし，すべての柱は全長にわたって等質等断面であり，はりは剛体とし，柱およびはりの質量の影響は無視できるものとする．

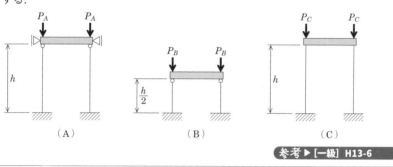

参考 ▶ [一級] H13-6

座屈長さ 水平移動拘束の場合

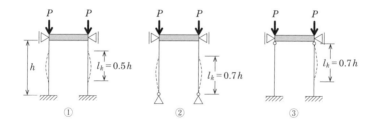

座屈長さ 水平移動自由の場合

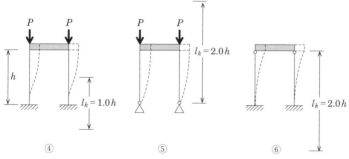

〔注〕ピン支点 ⚲ は △ と表示されることもある．

解答

（A）は左図の③，（B）は⑥，（C）は④に該当する.

座屈長さ＝換算係数×見掛け長さ

（A）$0.7 \times h = 0.7\,h$

（B）$2.0 \times 0.5\,h = h$

（C）$1.0 \times h = h$

座屈長さの大小関係は

（A）<（B）=（C）

座屈荷重は，座屈長さの2乗に反比例することから，座屈荷重の大小関係は

∴　$P_A > P_B = P_C$

ここがポイント！

$l_k = c \times l$

座屈長さ＝材端の固定度による換算係数
　　　　×見掛け長さ

ここで，換算係数 c は見掛け長さ l に対する弓の部分の長さの割合を示す.

基本問題2　　難易度 ★★☆

図のような構造物 A，B，C の柱の座屈荷重をそれぞれ P_A，P_B，P_C とした場合，それらの大小関係を大きい順に示せ．ただし，すべての柱は等質等断面で，はりは剛体であり，柱およびはりの自重，柱の面外方向の座屈は無視する.

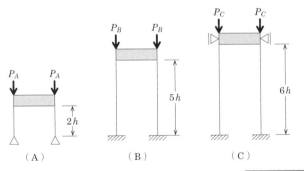

（A）　　　　（B）　　　　（C）

参考▶[一級] H29-6

解答

（A）は左ページの図の⑤，（B）は④，（C）は①に該当する.

座屈長さ＝換算係数×見掛け長さ

（A）　$2.0 \times 2h = 4h$

（B）　$1.0 \times 5h = 5h$

（C）　$0.5 \times 6h = 3h$

座屈長さの大小関係は

（C）＜（A）＜（B）

座屈荷重は，座屈長さの 2 乗に反比例することから，座屈荷重の大小関係は

$\therefore \quad P_C > P_A > P_B$

Exp Up! 9

図のような構造物（A），（B），（C）における弾性座屈荷重の理論値をそれぞれ P_A, P_B, P_C とした場合，それらの大小関係を示せ．

ただし，すべての柱は等質等断面であり，はりは剛体とし，柱およびはりの質量は無視できるものとする．

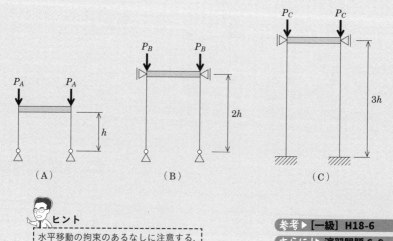

ヒント

水平移動の拘束のあるなしに注意する．

参考▶【一級】H18-6

さらに！▶演習問題 6・9

Exp Up! 1

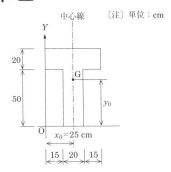

中心線　〔注〕単位：cm

左右対称形なので，図心 G は中心線上にあり $x_0 = 25\ \text{cm}$.

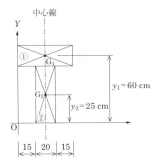

中心線

$y_1 = 60\ \text{cm}$

$y_2 = 25\ \text{cm}$

全体の断面一次モーメント
　＝断面①＋断面②より

$(50 \times 20 + 20 \times 50) \times y_0$

$= (50 \times 20) \times 60 + (20 \times 50) \times 25$

$2\,000\,y_0 = 60\,000 + 25\,000$

$2\,000\,y_0 = 85\,000 \qquad \therefore \quad y_0 = 42.5\ \text{cm}$

［答］$x_0 = 25\ \text{cm},\ y_0 = 42.5\ \text{cm}$

Exp Up! 2

$$I_{XA} = \frac{bh^3}{12} \qquad I_{YA} = \frac{bh^3}{12}$$

$h > b$ より，$I_{XA} > I_{YA}$

$$I_{XB} = \frac{\dfrac{b}{2} \times (2h)^3}{12} = 4 \times \frac{bh^3}{12} = 4I_{XA}$$

$$I_{YB} = \frac{2h \times \left(\dfrac{b}{2}\right)^3}{12} = \frac{1}{4} \times \frac{hb^3}{12} = \frac{1}{4}I_{YA}$$

$$\therefore \quad I_{XB} > I_{XA} > I_{YA} > I_{YB}$$

Exp Up! 3

$$I_{X1} = \frac{l \times (2l)^3}{12} = \frac{8l^4}{12}$$

$$I_{X2} = \frac{l \times (2l)^3}{12} + \overbrace{l \times 2l \times l^2}^{Ay^2}$$

$$= \frac{8l^4}{12} + 2l^4 = \frac{8l^4 + 24l^4}{12} = \frac{32l^4}{12}$$

$$I_{X1} : I_{X2} = \frac{8l^4}{12} : \frac{32l^4}{12} = 8 : 32$$

$$\therefore \quad I_{X1} : I_{X2} = 1 : 4$$

Exp Up! 4

〈全体の断面二次モーメント〉

$$I_{全体} = \frac{3l \times (4l)^3}{12} = \frac{192l^4}{12}$$

〈中空部分1つ当りの断面二次モーメント〉

$$I_{中空} = \frac{l \times l^3}{12} + \underbrace{l^2 \times l^2}_{Ay^2} = \frac{13l^4}{12}$$

〈結果〉

$$I_X = I_{全体} - I_{中空} \times 2 = \frac{192l^4}{12} - \frac{13l^4}{12} \times 2$$

$$= \frac{166l^4}{12} = \frac{83l^4}{6} \qquad \therefore \quad I_X = \frac{83l^4}{6}$$

Exp Up! 5

集中荷重 P を受ける単純ばりのスパン中央でのたわみ（最大たわみ）の式は

$$\delta_{max} = \frac{Pl^3}{48EI} \quad \text{（断面二次モーメント I に反比例）}$$

6 章

(A) $I_A = \dfrac{100 \times 300^3}{12}$

$\quad = 225\,000\,000 \text{ mm}^4$

(B) $I_B = \dfrac{150 \times 200^3}{12}$

$\quad = 100\,000\,000 \text{ mm}^4$

断面二次モーメントの比

$\quad I_A : I_B = 2.25 : 1$

よって，最大たわみの比

$\quad \delta_A : \delta_B = 1 : 2.25$

Exp Up! 6

　自重のような等分布荷重 w を受ける単純ばりのスパン中央でのたわみ（最大たわみ）の式は，$\delta_{\max} = \dfrac{5wl^4}{384EI}$ であり，自重 w に比例し断面二次モーメント I に反比例．

　はり B は，はり A に対して，h が 2 倍なので断面二次モーメント $I\left(=\dfrac{bh^3}{12}\right)$ は $2^3 = 8$ 倍となり，自重 w は断面積が 2 倍なので 2 倍となる．

　したがって，はり B は，はり A に対して，w が 2 倍，I が 8 倍になっている．

よって，たわみは，$2 \times \dfrac{1}{8} = \dfrac{1}{4}$ 倍．

$\quad \delta_A : \delta_B = 1 : \dfrac{1}{4} = 4 : 1$

$\quad \therefore \quad \delta_A : \delta_B = 4 : 1$

Exp Up! 7

　最大たわみはスパン中央で生じこれを δ_C とする．

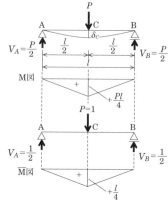

$\delta_C = \dfrac{1}{3} \times \left(+\dfrac{Pl}{4}\right) \times \left(+\dfrac{l}{4}\right) \times \dfrac{l}{2} \times 2$

$\qquad \times \dfrac{1}{EI} = \dfrac{Pl^3}{48EI} \qquad \therefore \quad \delta_C = \dfrac{Pl^3}{48EI}$

Exp Up! 8

　座屈長さ＝換算係数×見掛けの長さ

(A) $2.0 \times 0.6\,l = 1.2\,l$

(B) $1.0 \times 1.2\,l = 1.2\,l$

(C) $0.5 \times 2\,l = 1.0\,l$

　座屈長さの大小関係は，(C) < (A) = (B)．

　座屈荷重は，座屈長さの 2 乗に反比例することから，座屈荷重の大小関係は $P_C > P_A = P_B$

Exp Up! 9

　座屈長さ＝換算係数×見掛け長さ

(A) $2.0 \times h = 2.0\,h$

(B) $0.7 \times 2\,h = 1.4\,h$

(C) $0.5 \times 3\,h = 1.5\,h$

　座屈長さの大小関係は，(B) < (C) < (A)．

　座屈荷重は，座屈長さの 2 乗に反比例することから，座屈荷重の大小関係は $P_B > P_C > P_A$

演習問題

演習問題 6·1 断面一次モーメント

図のような L 形断面の図心 G を求めよ.

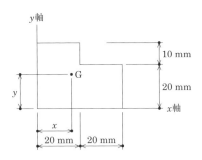

演習問題 6·2 断面二次モーメント（図心軸）

図のような長方形断面の X 軸および Y 軸に関する断面二次モーメントをそれぞれ I_X, I_Y としたとき，それらの比 $I_X : I_Y$ を求めよ. ［参考：二級・H11-2］

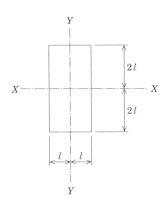

6 章

演習問題 6·3 　**断面二次モーメント（図心軸以外）**

図のような断面の X 軸に関する断面二次モーメント I と断面係数 Z を求めよ．

［参考：二級・H4-2］

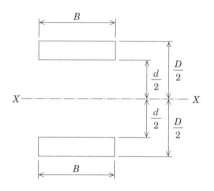

演習問題 6·4 　**断面二次モーメント（欠損断面）**

図のような H 形断面の X 軸に関する断面二次モーメントの値を求めよ．

［参考：二級・H6-2］

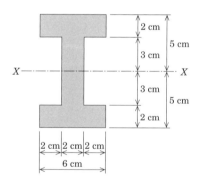

演習問題 6·5 　**たわみの計算（集中荷重）**

図のような荷重 P を受けるはり（A）および（B）の荷重点に生じる最大たわみをそれぞれ δ_A（中央），δ_B（先端）としたとき，それぞれの比 $\delta_A : \delta_B$ を求めよ．
ただし，はり（A）および（B）は等質等断面の弾性部材とする．

［参考：一級・H17-2］

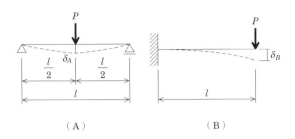

（A）　　　　　　　　　　　（B）

演習問題 6·6 ▶ たわみの計算（等分布荷重）

　図のような集中荷重 P を受けるはり A（曲げ剛性：$2EI$）および等分布荷重 w を受けるはり B（曲げ剛性：EI）において，はりの中央のたわみが互いに等しくなるときの wl と P の比 $\left(\dfrac{wl}{P}\right)$ を求めよ．

［参考：一級・H11-2］

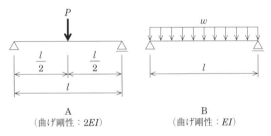

A
（曲げ剛性：$2EI$）

B
（曲げ剛性：EI）

演習問題 6·7 ▶ 仮想仕事の原理によるたわみの計算

　図のようなはりに荷重 P が作用している場合，C 点に生じるたわみ δ_C を求めよ．ただし，はりは全長にわたって等質等断面であり，ヤング係数を E，断面二次モーメントを I とし，はりの質量の影響は無視するものとする．

［参考：一級・H14-6］

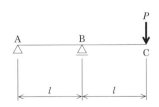

演習問題 6・8 座屈荷重（長柱）

　図のような材端条件を持つ柱（A）～（E）が，中心圧縮力を受けたときの座屈長さの理論値を求めよ．ただし，すべての柱は，全長にわたって等質等断面とし，長さは等しいものとする．

[参考：一級・H8-6]

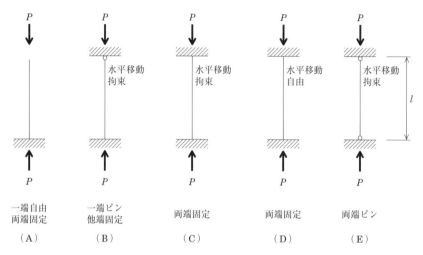

演習問題 6・9 座屈荷重（ラーメン）

　図のような構造物（A），（B），（C）の座屈荷重 P_A, P_B, P_C の大小関係を示せ．ただし，すべての柱は等質等断面で，はりは剛体とする．

[参考：一級・H4-7]

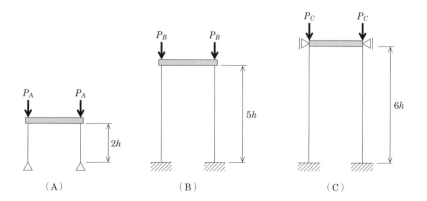

7章

7 章

静定ラーメン

剛節点を持つ骨組をラーメンという.
ラーメンについての反力や応力の計算は
難解なものが多いが,本章では,力のつ
りあい方程式だけで解くことができる静
定ラーメンについて学ぶ.また,3ピン
ラーメンのようなやや難解なものも要領
良く扱う.

① 単純ばりラーメンの反力

難易度 ★☆☆

基本問題1

図のような荷重を受ける単純ばりラーメンにおいて，支点に生じる反力を求めよ．

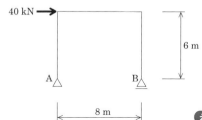

参考 ▶ [二級] H19-6

解答

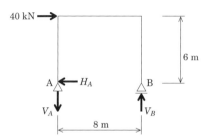

Step-1　水平方向のつりあい

$$40 = H_A \quad \therefore \quad H_A = +40 \text{ kN}$$

Step-2　鉛直方向のつりあい

$$\therefore \quad V_B = V_A \cdots (1)$$

Step-3　モーメントのつりあい（支点 B 中心）

$$40 \times 6 = V_A \times 8 \qquad 8\,V_A = 240 \text{ kN}$$

$$\therefore \quad V_A = +30 \text{ kN}$$

式（1）より　　$\therefore \quad V_B = +30 \text{ kN}$

[答] $H_A = +40 \text{ kN}, \quad V_A = +30 \text{ kN}, \quad V_B = +30 \text{ kN}$

ここがポイント！

支点 A は水平力 40 kN によって浮き上がることが予想されるので，あらかじめ V_A を下向きに仮定する．

モーメントのつりあい

右回りのモーメント

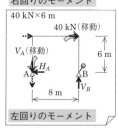

40 kN×6 m

左回りのモーメント

V_A×8 m

さらに発展！

水平力（40 kN と H_A）による偶力モーメント（右回り）と鉛直反力（V_A と V_B）による偶力モーメント（左回り）がつりあっている．

基本問題 2

　図のような荷重を受ける単純ばりラーメンの反力を求めよ.

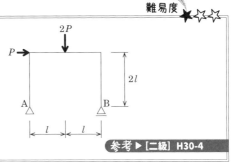

参考 ▶ [二級] H30-4

モーメントのつりあい

右回りのモーメント

$V_A \times 2l + P \times 2l$

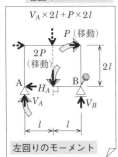

左回りのモーメント

$2P \times l$

静定ラーメン

単純ばりラーメン，片持ばりラーメン，3ピンラーメンなどがある.

解答

<u>Step-1</u>　水平方向のつりあい

　$P = H_A$　　∴　$H_A = +P$

<u>Step-2</u>　鉛直方向のつりあい

　∴　$V_A + V_B = +2P$　…（1）

<u>Step-3</u>　モーメントのつりあい（支点B中心）

　$V_A \times 2l + P \times 2l = 2P \times l$　　　$2V_A l = 0$

　∴　$V_A = 0$

　式（1）より　　∴　$V_B = +2P$

　[答] $H_A = +P,\ V_A = 0,\ V_B = +2P$

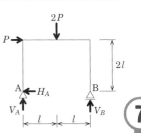

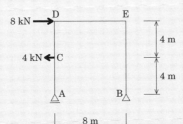

EXP UP! 1

図のような外力を受ける単純ばりラーメンにおいて，支点に生じる反力を求めよ.

参考 ▶ [二級] H17-5

さらに！▶ 演習問題 7・1

難易度 ★★☆

基本問題 1

7章1節基本問題1の単純ばり
ラーメンにおいて，C点に生じる
応力を求めよ．

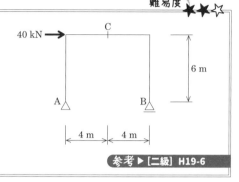

参考 ▶ [二級] H19-6

解答

点Cで切断（右側を選択）して応力を仮定し，つ
りあい方程式で解く．

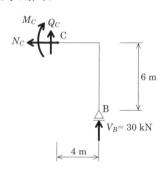

Step-1　水平方向のつりあい

$0 = N_C \quad \therefore \quad N_C = 0$

Step-2　鉛直方向のつりあい

$Q_C + 30 = 0 \quad \therefore \quad Q_C = -30 \text{ kN}$

Step-3　モーメントのつりあい

点Cを中心に考える（画鋲）．

$M_C = 30 \times 4 \quad \therefore \quad M_C = +120 \text{ kN·m}$

[答] $N_C = 0$, $Q_C = -30 \text{ kN}$, $M_C = +120 \text{ kN·m}$

ここがポイント！

切断面の右側か左側かを判
断して応力（＋）を記入する．

曲げモー
メントM
軸方向力N
せん断力Q

モーメントのつりあい

右回りのモーメント

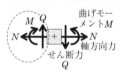

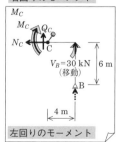

左回りのモーメント

$30 \text{ kN} \times 4 \text{ m}$

基本問題2

7章1節基本問題2の単純ばりラーメンにおいて，F点に生じる応力を求めよ.

参考▶[二級] H30-4

モーメントのつりあい

右回りのモーメント

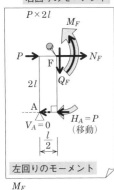

左回りのモーメント

M_F

解答

点Fで切断（左側を選択）して応力を仮定し，つりあい方程式で解く.

Step-1　水平方向のつりあい

$N_F + P = P$　∴　$N_F = 0$

Step-2　鉛直方向のつりあい

$0 = Q_F$　∴　$Q_F = 0$

Step-3　モーメントのつりあい

点Fを中心に考える（画鋲）.

$P \times 2l = M_F$　∴　$M_F = +2Pl$

[答]　$N_F = 0$，$Q_F = 0$，$M_F = +2Pl$

EXP UP! 2

7章1節 Exp Up! ①の単純ばりラーメンにおいて，F点に生じる応力を求めよ.

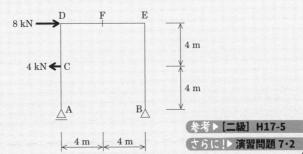

参考▶[二級] H17-5

さらに!▶演習問題7・2

基本問題1

難易度 ★★☆

7章1節の単純ばりラーメンの M 図を求めよ.

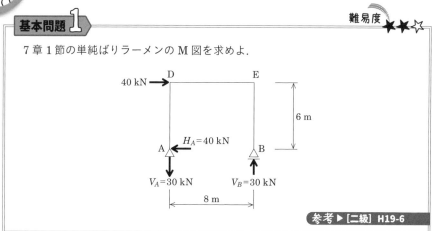

参考 ▶ [二級] H19-6

解答

単純ばりラーメンの M 図は, 剛節点を固定支点にみなして片持ばりの M 図を考える.

片持ばりの M 図
＝補強ワイヤの形

棚

Step-2 はり

剛節点 D を固定支点にして
片持ばりとして考える.
同時に V_B は点 E に移動する.

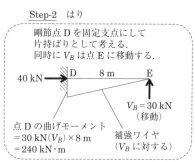

40 kN

D ──8 m── E

$V_B = 30$ kN
（移動）

点 D の曲げモーメント
＝ 30 kN（V_B）× 8 m
＝ 240 kN・m

補強ワイヤ
（V_B に対する）

Step-1 柱（左）

剛節点 D を固定支点にして
片持ばりとして考える.

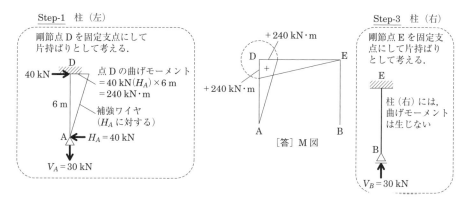

D

40 kN

点 D の曲げモーメント
＝ 40 kN（H_A）× 6 m
＝ 240 kN・m

6 m

補強ワイヤ
（H_A に対する）

A ← $H_A = 40$ kN

$V_A = 30$ kN

+240 kN・m

D ── E
+
+240 kN・m
A ── B

[答] M 図

Step-3 柱（右）

剛節点 E を固定支点にして片持ばりとして考える.

E

柱（右）には,
曲げモーメント
は生じない

B

$V_B = 30$ kN

基本問題 2

難易度 ★★★

7章1節基本問題2の単純ばりラーメンのM図を求めよ.

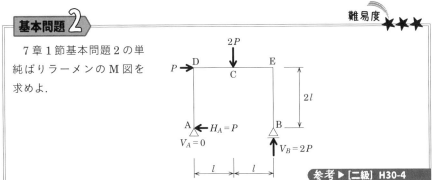

参考 ▶ [二級] H30-4

解答 単純ばりラーメンのM図は,剛節点を固定支点にみなして片持ばりのM図を考える.

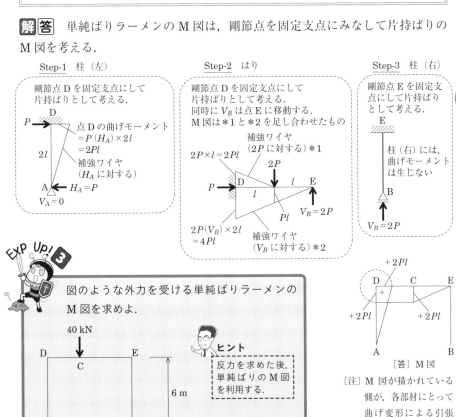

Step-1 柱(左)

剛節点Dを固定支点にして片持ばりとして考える.

D

P

点Dの曲げモーメント
$= P(H_A) \times 2l$
$= 2Pl$

$2l$

補強ワイヤ
$(H_A$ に対する$)$

A $\leftarrow H_A = P$
$V_A = 0$

Step-2 はり

剛節点Dを固定支点にして片持ばりとして考える.
同時にV_Bは点Eに移動する.
M図は*1と*2を足し合わせたもの

補強ワイヤ
$(2P$ に対する$)$ *1

$2P \times l = 2Pl$

$2P$

P → D ――― l ――― E

l

Pl

$V_B = 2P$

$2P(V_B) \times 2l$
$= 4Pl$

補強ワイヤ
$(V_B$ に対する$)$ *2

Step-3 柱(右)

剛節点Eを固定支点にして片持ばりとして考える.

E

柱(右)には,曲げモーメントは生じない

B

$V_B = 2P$

EXP UP! 3

図のような外力を受ける単純ばりラーメンのM図を求めよ.

40 kN

D ――― E
C

6 m

A   B

3 m   5 m

ヒント
反力を求めた後,単純ばりのM図を利用する.

参考 ▶ [二級] S61-7
さらに! ▶ 演習問題 7・3

$+2Pl$

D ― C ― E

$+$

$+2Pl$ $+2Pl$

A   B

[答] M図

〔注〕 M図が描かれている側が,各部材にとって曲げ変形による引張側$(+)$となっている.

7章

4 片持ばりラーメンの M 図

基本問題 1

難易度 ★★☆

図のような片持ばりラーメンの M 図を求めよ.

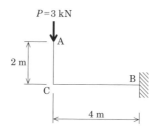

解答

2つの片持ばりに分けて考える.

Step-1　AC 部材

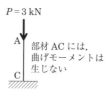

部材 AC には, 曲げモーメントは生じない

剛節点 C を固定支点にして片持ばりとして考える.

Step-2　CB 部材

補強ワイヤ (P に対する)

点 B の曲げモーメント
= 3 kN(P)×4 m
= 12 kN·m

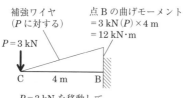

P = 3 kN を移動して片持ばりとして考える.

Step-3　結果

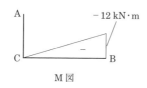

M 図

ここがポイント！

鉛直部材では, 水平部材の上端を延長した側を上側として見る. M 図は, 上側に (−), 下側に (+) を描く.

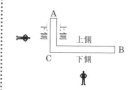

142

基本問題2

図のような片持ばりラーメンの M 図を求めよ．

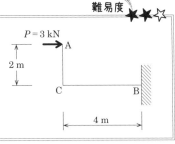

解答

2 つの片持ばりに分けて考える．

Step-1　AC 部材

剛節点 C を固定支点にして
片持ばりとして考える．

ここがポイント！

曲げモーメントは，集中荷
重 $P=3\,\mathrm{kN}$ によって生じ
ており，距離に比例して大
きくなる．

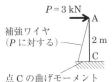

補強ワイヤ
（P に対する）

点 C の曲げモーメント
$=3\,\mathrm{kN}(P)\times2\,\mathrm{m}=6\,\mathrm{kN\cdot m}$

7章

Step-2　CB 部材

片持ばり CB として考える．

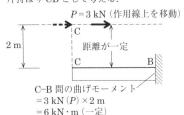

$P=3\,\mathrm{kN}$（作用線上を移動）

距離が一定

C-B 間の曲げモーメント
$=3\,\mathrm{kN}(P)\times2\,\mathrm{m}$
$=6\,\mathrm{kN\cdot m}$（一定）

Step-3　結果

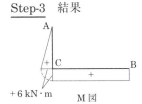

$+6\,\mathrm{kN\cdot m}$　　M 図

EXP UP! 4

図のような片持ばりラーメンの M 図を求めよ．

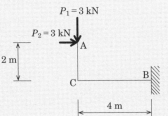

さらに！▶ 演習問題 7・4

5 3ピンラーメンの反力

難易度 ★★☆

基本問題 1

図のような荷重を受ける3ピンラーメンの反力を求めよ.

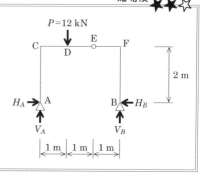

解答

〈力のつりあい方程式〉

Step-1 水平方向のつりあい

$H_A = H_B$ … (1)

Step-2 鉛直方向のつりあい

$V_A + V_B = 12$ … (2)

Step-3 モーメントのつりあい（支点B中心）

$V_A \times 3 = 12 \times 2$ $3V_A = 24 \text{ kN}$

$\therefore V_A = +8 \text{ kN}$

式 (2) より $\therefore V_B = +4 \text{ kN}$

Step-4 モーメントのつりあい（点E中心）

点Eのピンをはずし，右側について考える．このとき，左側によって支えられていた力を H_E, V_E とする．この力によって，つりあい状態が保たれる.

$H_B \times 2 = V_B \times 1$ $\therefore H_B = 0.5 V_B$

$V_B = +4 \text{ kN}$ より $H_B = 0.5 \times 4 = 2$

$\therefore H_B = +2 \text{ kN}$

式 (1) より $\therefore H_A = +2 \text{ kN}$

これが基本！

3ピンラーメンは，両支点のピンに加えて部材にも1つピン節点がある.

Step-3
モーメントのつりあい

右回りのモーメント

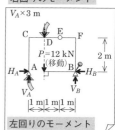

$V_A \times 3 \text{ m}$

左回りのモーメント

$12 \text{ kN} \times 2 \text{ m}$

3ピンラーメンの反力数は4である．ピンをはずして，方程式を1つ追加することで解ける静定構造である．

これで納得！

ピンをはずして右側について考えるが，左側によって支えられている力 H_E, V_E を作用させることで，つりあいが保たれる．

右回りのモーメント

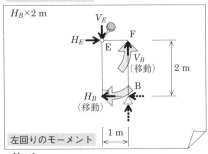

左回りのモーメント

🔷 反力の計算結果

$H_A = +2$ kN, $V_A = +8$ kN, $H_B = +2$ kN,

$V_B = +4$ kN

基本問題 2

難易度 ★★☆

図のような荷重が作用する3ピンラーメンの反力を求めよ．

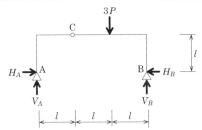

参考 ▶ [一級] H24-3

解答

〈力のつりあい方程式〉

Step-1 水平方向のつりあい

∴ $H_A = H_B$ … (1)

Step-2 鉛直方向のつりあい

∴ $V_A + V_B = 3P$ … (2)

Step-3 モーメントのつりあい

支点Bをモーメントの中心に考える．

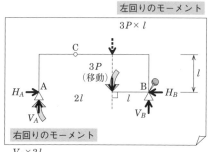

左回りのモーメント
$3P \times l$

C

$3P$
（移動）

H_A　A
$2l$　　l
V_A

B　H_B
V_B

右回りのモーメント
$V_A \times 3l$

l

これで納得！
ピンをはずして左側について考えるが，右側によって支えられている力 H_C, V_C を作用させることで，つりあいが保たれる．この2つの力は，モーメントのつりあいの計算には出てこない．

$$V_A \times 3l = 3P \times l \qquad \therefore \quad V_A = P \cdots (3)$$

式（2）より　　　$\therefore \quad V_B = 2P$

次に，点Cのピンをはずして左側を考える．

このとき，右側が支える力を H_C, V_C として，モーメントのつりあいを考える．

<u>Step-4</u>　モーメントのつりあい

点Cをモーメントの中心に考える．

$$V_A \times l = H_A \times l \qquad \therefore \quad H_A = V_A$$

式（3）より　　　$\therefore \quad H_A = P$

式（1）より　　　$\therefore \quad H_B = P$

［答］$H_A = +P$, $H_B = +P$, $V_A = +P$, $V_B = +2P$

Step-4
モーメントのつりあい

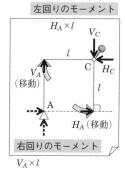

左回りのモーメント
$H_A \times l$　　V_C

l

V_A
（移動）　　C　H_C

A　　l

H_A（移動）

右回りのモーメント
$V_A \times l$

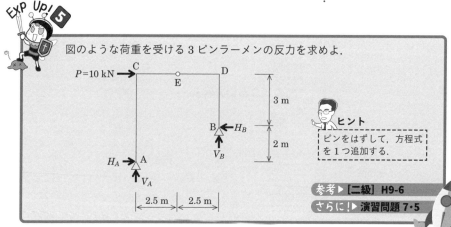

図のような荷重を受ける3ピンラーメンの反力を求めよ．

$P = 10\ \text{kN}$　C　　　D
E
B　H_B
$3\ \text{m}$
V_B
$2\ \text{m}$
H_A　A
V_A
2.5 m　2.5 m

ヒント
ピンをはずして，方程式を1つ追加する．

参考▶【二級】H9-6
さらに！▶ 演習問題 7・5

Exp Up! 1

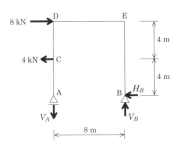

　水平荷重によって，支点Aは浮き上がることが予想されるのであらかじめ下向きに仮定する.

<u>Step-1</u>　水平方向のつりあい

$$8 = H_B + 4 \quad \therefore \quad H_B = +4 \text{ kN}$$

<u>Step-2</u>　鉛直方向のつりあい

$$V_B = V_A \quad \therefore \quad V_A = V_B \cdots (1)$$

<u>Step-3</u>　モーメントのつりあい

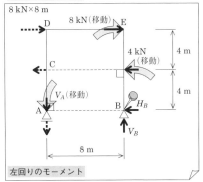

右回りのモーメント

$8 \text{ kN} \times 8 \text{ m}$

左回りのモーメント

$V_A \times 8 \text{ m} + 4 \text{ kN} \times 4 \text{ m}$

　支点Bを中心に考える.

$$8 \times 8 = V_A \times 8 + 4 \times 4 \qquad 8 V_A = 48$$

$$\therefore \quad V_A = +6 \text{ kN} \quad 式 (1) より$$

$$\therefore \quad V_B = +6 \text{ kN}$$

[答] $H_B = +4 \text{ kN}$, $V_A = V_B = +6 \text{ kN}$

Exp Up! 2

　応力を求める点Fで切断（左側を選択）して，3つの応力を記入する.

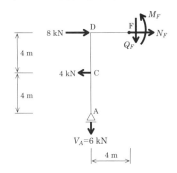

<u>Step-1</u>　水平方向のつりあい

$$8 + N_F = 4 \quad \therefore \quad N_F = -4 \text{ kN}$$

<u>Step-2</u>　鉛直方向のつりあい

$$0 = Q_F + 6 \quad \therefore \quad Q_F = -6 \text{ kN}$$

<u>Step-3</u>　モーメントのつりあい

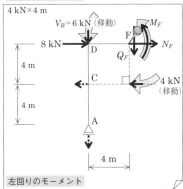

右回りのモーメント

$4 \text{ kN} \times 4 \text{ m}$

左回りのモーメント

$M_F + 6 \text{ kN} \times 4 \text{ m}$

　点Fを中心に考える（画鋲）.

$$4 \times 4 = M_F + 6 \times 4$$

$$\therefore \quad M_F = -8 \text{ kN·m}$$

[答] $N_F = -4 \text{ kN}$, $Q_F = -6 \text{ kN}$,

$\quad M_F = -8 \text{ kN·m}$

7章

Exp Up! 3

(1) 反力

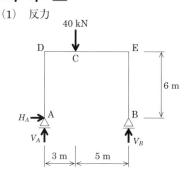

Step-1 水平方向のつりあい ∴ $H_A = 0$

Step-2 鉛直方向のつりあい

∴ $V_A + V_B = 40$ … (1)

Step-3 モーメントのつりあい

支点 B を中心に考える(画鋲).

$V_A \times 8 = 40 \times 5$ $8V_A = 200$

∴ $V_A = +25$ kN

式 (1) より ∴ $V_B = +15$ kN

(2) 応力図

Step-1 柱(左)

剛節点 D を固定支点にして
片持ばりとして考える.

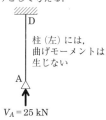

Step-2 はり

剛節点 D を固定支点にして片持ばり
として考える.同時に V_B は点 E に移動
する.

M 図は＊1と＊2を足し合わせたもの

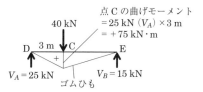

[参考] V_A と V_B を移動して単純ばりと
して考えてもよい.

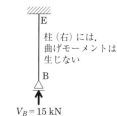

Step-3 柱(右)

剛節点 E を固定支点にして
片持ばりとして考える.

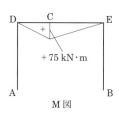

Step-4 結果

D ─── C ─── E
A ─── B

M 図

Exp Up! 4

（a）基本問題1のM図と（b）基本問題2のM図を重ね合わせたものが（c）の求めるM図となる.

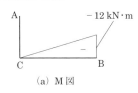

（a）M図

$+$

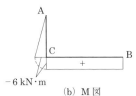

（b）M図

$=$

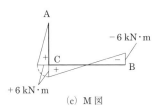

（c）M図

Exp Up! 5

〈力のつりあい方程式〉

Step-1　水平方向のつりあい

$\therefore$　$H_A + 10 = H_B$ … （1）

Step-2　鉛直方向のつりあい

$\therefore$　$V_A + V_B = 0$ … （2）

Step-3　モーメントのつりあい（支点A中心）

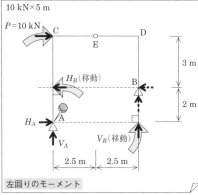

右回りのモーメント

$10\,\mathrm{kN} \times 5\,\mathrm{m}$

左回りのモーメント

$H_B \times 2\,\mathrm{m} + V_B \times 5\,\mathrm{m}$

$$10 \times 5 = H_B \times 2 + V_B \times 5$$

$$\therefore \quad 2H_B + 5V_B = 50 \quad \cdots \quad (3)$$

Step-4　モーメントのつりあい（点E中心）

点Eのピンをはずし, 右側について考える. このとき, 左側によって支えられていた力を H_E, V_E とする. つりあい状態が保たれる.

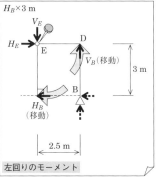

右回りのモーメント

$H_B \times 3\,\mathrm{m}$

左回りのモーメント

$V_B \times 2.5\,\mathrm{m}$

$H_B \times 3 = V_B \times 2.5$

$\therefore \quad 6H_B - 5V_B = 0 \quad \cdots \text{(4)}$

式（3）と式（4）の連立方程式

$2H_B + 5V_B = 50 \quad \cdots \text{(3)}$

$6H_B - 5V_B = 0 \quad \cdots \text{(4)}$

これを解いて

$H_B = +6.25 \text{ kN} \qquad V_B = +7.5 \text{ kN}$

式（1）より $\qquad H_A = -3.75 \text{ kN}$

式（2）より $\qquad V_A = -7.5 \text{ kN}$

［答］$H_A = -3.75 \text{ kN}, \quad V_A = -7.5 \text{ kN},$

$\qquad H_B = +6.25 \text{ kN}, \quad V_B = +7.5 \text{ kN}$

演習問題

演習問題 7・1 単純ばりラーメンの反力

　図のような外力を受ける静定の山形ラーメンにおいて，支点に生じる反力を求めよ．

[参考：二級・H20-6]

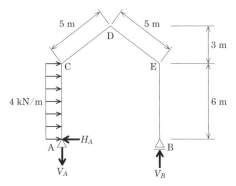

演習問題 7・2 単純ばりラーメンのある点の応力

　演習問題 7・1 の単純ばりラーメンの D 点に生じる曲げモーメント M_D の値を求めよ．

[参考：二級・H20-6]

演習問題 7・3 単純ばりラーメンの M 図

　図のような外力を受ける単純ばりラーメンの M 図を求めよ． [参考：二級・H1-6]

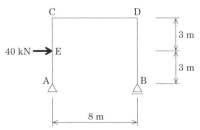

7章

151

片持ばりラーメンの M 図

図のような片持ばりラーメンの M 図を求めよ. ［参考：一級・H17-2］

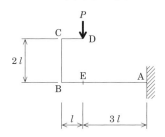

3 ピンラーメンの反力

図のような荷重を受ける 3 ピンラーメンにおいて，反力と C 点および D 点における曲げモーメントを求めよ. ［参考：一級・H14-2］

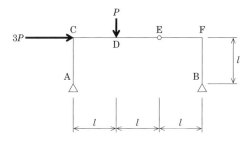

8 章

静定トラス

　三角形で構成された骨組をトラスという．本章では，支点がピン，ローラの形式の静定トラスについて扱う．トラスは，応力のうち軸方向力しか生じないように条件が設定してあり，この軸方向力について，節点法と切断法を用いて計算する．

基本問題1

　図のような静定トラス A，B において，軸方向力が生じない部材（ゼロ部材）の本数を答えよ．

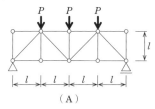

（A）

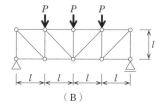

（B）

参考 ▶【二級】H21-6

解答

　支点に反力を表示してから，T 形や L 形の節点について考える．

（A）　ゼロ部材の本数：6 本（点線で表示）

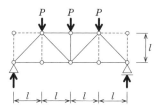

（B）　ゼロ部材の本数：2 本（点線で表示）

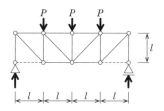

ゼロ部材

図のような T 形や L 形の節点において，反対側につりあう力（荷重，反力，軸方向力）がない部材が該当する．

L 形節点(1)

反対側につりあう荷重がない．
∴　$N = 0$

L 形節点(2)

荷重 P

反対側につりあう荷重がない．
∴　$N = 0$

T 形節点

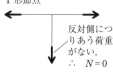

反対側につりあう荷重がない．
∴　$N = 0$

基本問題 2

難易度 ★★☆

図のような静定トラスにおいて，軸方向力が生じない部材（ゼロ部材）の本数を答えよ．

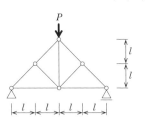

参考▶【二級】H27-5

解答

Step-1　まず，点線で示す2本がゼロ部材であることがわかる．

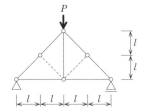

Step-2　ゼロ部材を消して考えると，もう1本あることがわかる．

∴　ゼロ部材の本数：3本

［答］3本

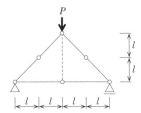

これで納得！
図のように荷重が作用したとき一般に次のようになる．

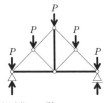

（凡例）
　―――引――― 引張材
　―――圧――― 圧縮材
　------- ゼロ部材

EXP UP! 1

図のような静定トラスにおいて，軸方向力が生じない部材（ゼロ部材）の本数を答えよ．

（A）

（B）

（C）

（D）

参考▶【二級】S61-8
さらに！▶演習問題 8・1

2 トラスの応力（節点法）

難易度 ★★☆

基本問題 1

図のような荷重を受ける静定トラスにおいて，部材 A～D に生じる軸方向力 N_A～N_D を求めよ.

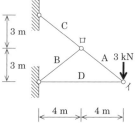

参考 ▶【二級】H5-6

解答

（1）　節点イについて示力図を描く.

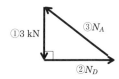

N_A は節点イに対して引張の向き，よって（＋），N_D は節点イに対して圧縮の向き，よって（－）である.

また，3：4：5 の直角三角形より，N_A の大きさは 5 kN，N_D の大きさは 4 kN より，

　　∴　$N_A = +5$ kN，$N_D = -4$ kN

（2）　節点ロについて示力図を描く.

示力図が閉じるためには，$N_B = 0$ である.

N_C は節点ロに対して引張の向き，よって（＋），大きさは N_A と同じく 5 kN となる.

　　∴　$N_C = +5$ kN

［答］　$N_A = +5$ kN，$N_B = 0$，
　　　　$N_C = +5$ kN，$N_D = -4$ kN

ここがポイント！

①～③の力が，ひと回りして示力図が閉じるように，矢印の向きを決める.

これで納得！

示力図は $P = 3$ kN を移動して簡単に求めることができる.

①移動して三角形をつくる.

②三角形が閉じるように矢印を一周させる.

基本問題2

図のような外力を受ける静定トラスにおいて，部材 A，B，C に生じる軸方向力 N_A, N_B, N_C を求めよ．

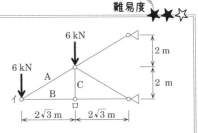

参考▶【二級】H30-5

示力図

複数の力をつないで，力の始点と終点を結んで合力を示した図のこと．例えば3つの力の場合，三角形をなして矢印が一周する．

解答

(1)　示力図：6 kN を移動して簡単に求める．

①移動して三角形をつくる．　②三角形が閉じるように矢印を一周させる．　③隣に基本直角三角形を描き比較する．

(2)　N_A：[大きさ]　$2 \times 6 = 12$ kN

　[符　号]　節点イを引っ張っている→引張（＋）

　　∴　$N_A = +12$ kN

(3)　N_B：[大きさ]　$\sqrt{3} \times 6 = 6\sqrt{3}$ kN

　[符　号]　節点イを押している→圧縮（－）

　　∴　$N_B = -6\sqrt{3}$ kN

(4)　N_C：ゼロ部材であるから　　∴　$N_C = 0$

EXP UP!2

図のような荷重を受けるトラスにおいて，部材 A，B，C，D に生じる軸方向力 N_A, N_B, N_C, N_D を求めよ．

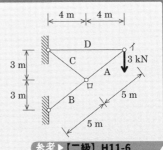

参考▶【二級】H11-6

さらに！▶演習問題8・2

3 トラスの応力（切断法）その1

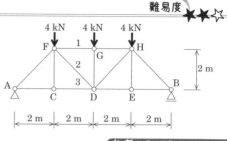

基本問題 1

難易度 ★★☆

図のような荷重を受ける静定トラスにおいて，部材 1〜3 に生じる軸方向力 N_1〜N_3 を求めよ．

参考 ▶【二級】H12-6

解答

トラスの反力

形状・荷重ともに左右対称の場合，V_A と V_B は荷重の合計の半分ずつを負担する．

(1) 反力 ∴ $V_A = V_B = \dfrac{4+4+4}{2} = 6 \text{ kN}$

∴ $H_A = 0$

(2) 応力：軸方向力を求める部材 1，2，3 を通るように切断（左側を選択）して，切断面に求める軸方向力 N_1，N_2，N_3 を記入する．

これで納得！
N_2 の分解

Step-1 水平方向のつりあい

N_2 は，図のように分解して考える．

∴ $N_1 + \dfrac{N_2}{\sqrt{2}} + N_3 = 0$ … (1)

3辺×$N_2 \dfrac{1}{\sqrt{2}}$ ← 3辺×$\dfrac{1}{\sqrt{2}}$

Step-2 鉛直方向のつりあい

$6 = \dfrac{N_2}{\sqrt{2}} + 4 \qquad \dfrac{N_2}{\sqrt{2}} = 2 \qquad ∴ \ N_2 = +2\sqrt{2} \text{ kN}$

モーメントのつりあい

Step-3 モーメントのつりあい

点 F をモーメントの中心に考える（画鋲）．

$6 \times 2 = N_3 \times 2 \qquad ∴ \ N_3 = +6 \text{ kN}$

式 (1) より，$N_1 + \dfrac{2\sqrt{2}}{\sqrt{2}} + 6 = 0 \ ∴ \ N_1 = -8 \text{ kN}$

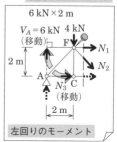

[答] $N_1 = -8 \text{ kN}$，$N_2 = +2\sqrt{2} \text{ kN}$，$N_3 = +6 \text{ kN}$

基本問題 2

図のような外力を受ける静定トラスにおいて，部材 1〜3 に生じる軸方向力 N_1〜N_3 を求めよ．

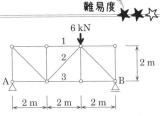

参考 ▶ [二級] H26-5

解 答

これで納得！
切断して左側を選択するので，反力は V_A だけ求めればよい．

(1) 反力 ∴ $V_A = 6 \times \dfrac{2}{6} = 2$ kN ∴ $H_A = 0$

(2) 応力

Step-1 水平方向のつりあい

N_2 は，図のように分解して考える．

∴ $N_1 + \dfrac{N_2}{\sqrt{2}} + N_3 = 0$ … (1)

Step-2 鉛直方向のつりあい

$\dfrac{N_2}{\sqrt{2}} + 2 = 0$ $\dfrac{N_2}{\sqrt{2}} = -2$

∴ $N_2 = -2\sqrt{2}$ kN

Step-3 モーメントのつりあい（節点 C 中心）

$N_1 \times 2 + 2 \times 2 = 0$ ∴ $N_1 = -2$ kN

式 (1) より，$-2 - \dfrac{2\sqrt{2}}{\sqrt{2}} + N_3 = 0$ ∴ $N_3 = +4$ kN

[答] $N_1 = -2$ kN, $N_2 = -2\sqrt{2}$ kN, $N_3 = +4$ kN

モーメントのつりあい

右回りのモーメント

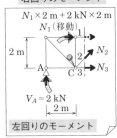

$N_1 \times 2\,\mathrm{m} + 2\,\mathrm{kN} \times 2\,\mathrm{m}$

左回りのモーメント

なし

EXP UP! 3

図のような荷重を受けるトラスにおいて，部材 1, 2, 3 に生じる軸方向力 N_1, N_2, N_3 を求めよ．

参考 ▶ 【二級】H16-6

さらに！▶ 演習問題 8・3

基本問題 1

図のような荷重を受ける静定トラスにおいて，部材 1～3 に生じる軸方向力 N_1～N_3 を求めよ．

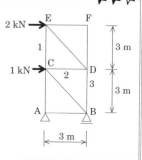

参考 ▶【二級】H17-6

解答

反力の計算

反力は求めなくてよい．

切断

応力を求める部材 1，2，3 を通るように切断して，切断面に求める応力 N_1，N_2，N_3 を記入する．

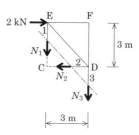

応力の計算

<u>Step-1</u>　水平方向のつりあい

$2 = N_2$　　∴　$N_2 = +2 \, \text{kN}$

<u>Step-2</u>　鉛直方向のつりあい

$0 = N_1 + N_3$　　∴　$N_1 + N_3 = 0$ … (1)

<u>Step-3</u>　モーメントのつりあい

点 C をモーメントの中心に考える（画鋲）．

$N_3 \times 3 + 2 \times 3 = 0$　　∴　$N_3 = -2 \, \text{kN}$

式 (1) より，∴　$N_1 = +2 \, \text{kN}$

［答］　$N_1 = +2 \, \text{kN}$，$N_2 = +2 \, \text{kN}$，$N_3 = -2 \, \text{kN}$

ここがポイント！

切断して上部を選択するので，反力を求めなくてもよい．

これで納得！

切断後，応力 N_1～N_3 を記入することで，つりあいが保たれると考える．

モーメントのつりあい

右回りのモーメント

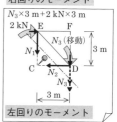

$N_3 \times 3 \, \text{m} + 2 \, \text{kN} \times 3 \, \text{m}$

左回りのモーメント

なし

基本問題2　　難易度 ★★☆

図のような荷重を受ける静定トラスにおいて，部材 1〜3 に生じる軸方向力 N_1〜N_3 を求めよ。

参考 ▶【二級】H29-5

モーメントのつりあい

右回りのモーメント

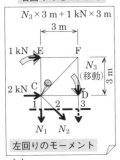

$N_3 \times 3\,\mathrm{m} + 1\,\mathrm{kN} \times 3\,\mathrm{m}$

左回りのモーメント

なし

解答

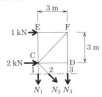

Step-1　水平方向のつりあい

N_2 は，図のように分解して考える．

$$1 + 2 + \frac{N_2}{\sqrt{2}} = 0 \quad \therefore \quad N_2 = -3\sqrt{2}\,\mathrm{kN}$$

Step-2　鉛直方向のつりあい

$$0 = N_1 + \frac{N_2}{\sqrt{2}} + N_3 \quad \therefore \quad N_1 + \frac{N_2}{\sqrt{2}} + N_3 = 0 \cdots (1)$$

Step-3　モーメントのつりあい（節点 C 中心）

$$N_3 \times 3 + 1 \times 3 = 0 \quad \therefore \quad N_3 = -1\,\mathrm{kN}$$

式 (1) より，$N_1 - \dfrac{3\sqrt{2}}{\sqrt{2}} - 1 = 0 \quad \therefore \quad N_1 = +4\,\mathrm{kN}$

[答]　$N_1 = +4\,\mathrm{kN}$, $N_2 = -3\sqrt{2}\,\mathrm{kN}$, $N_3 = -1\,\mathrm{kN}$

Exp Up! 4

図のような荷重を受ける静定トラスにおいて，部材 1〜5 に生じる軸方向力 N_1〜N_5 を求めよ。

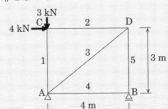

ヒント

何か所か切断して要領良く解く．

参考 ▶【二級】H19-7

さらに ▶ 演習問題 8・4

基本問題 1

難易度 ★★☆

図のような荷重を受ける静定トラスにおいて，部材 1，2 に生じる軸方向力 N_1，N_2 を切断法により求めよ．

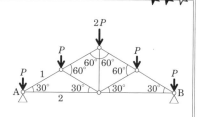

参考 ▶ [二級] H13-6

解答

（1）　反力の計算

$$\therefore \quad V_A = V_B = \frac{P+P+2P+P+P}{2} = 3P \qquad \therefore \quad H_A = 0$$

（2）　応力の計算

図のように，部材 1，2 を点線の位置で切断する．各部材に軸方向力 N_1，N_2 を引張方向に仮定する．

Step-1　水平方向のつりあい

N_2 は，図のように分解して考える．

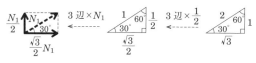

$$\frac{\sqrt{3}}{2}N_1 + N_2 = 0 \quad \cdots (1)$$

Step-2　鉛直方向のつりあい

$$3P + \frac{1}{2}N_1 = P \qquad \therefore \quad N_1 = -4P$$

式（1）より　　$\therefore \quad N_2 = +2\sqrt{3}\,P$

[答]　$N_1 = -4P$，$N_2 = +2\sqrt{3}\,P$

節点法でも解ける

①2P を移動して三角形をつくる．

$3P - P = 2P$

②三角形が閉じるように矢印を一周させる．

$\times 2P$ 倍

③隣に基本直角三角形を描き比較する．

④ N_1

［大きさ］$2 \times 2P = 4P$

［符　号］節点 A を押している→圧縮（−）

$\therefore \quad N_1 = -4P$

⑤ N_2

［大きさ］$\sqrt{3} \times 2P = 2\sqrt{3}\,P$

［符　号］節点 A を引っ張っている→引張（＋）

$\therefore \quad N_2 = +2\sqrt{3}\,P$

基本問題 2

図のような荷重を受ける静定トラスに
おいて，部材 1, 2, 3 に生じる軸方向力
N_1, N_2, N_3 を求めよ．

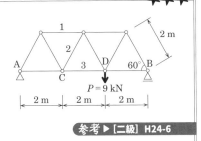

参考 ▶ [二級] H24-6

解答

（1）　反力の計算

Step-1　水平方向のつりあい　∴　$H_A = 0$

Step-2　鉛直方向のつりあい　$V_A + V_B = 9$

Step-3　モーメントのつりあい

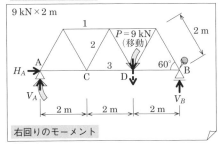

支点 B をモーメントの中心に考える．

$$V_A \times 6 = 9 \times 2$$

$$\therefore \quad V_A = 3 \text{ kN}$$

（2）　応力の計算

図のように，部材 1, 2, 3
を点線の位置で切断する．各
部材に軸方向力 N_1, N_2, N_3
を引張方向に仮定する．

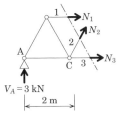

Step-1　水平方向のつりあい

$$N_1 + \frac{N_2}{2} + N_3 = 0 \quad \cdots \quad (1)$$

<u>Step-2</u>　鉛直方向のつりあい

N_2 は，図のように分解して考える．

$\dfrac{\sqrt{3}}{2}N_2$　$\dfrac{N_2}{2}$　3辺 × N_2　1　$30°$　$\dfrac{\sqrt{3}}{2}$　$60°$　$\dfrac{1}{2}$　3辺 × $\dfrac{1}{2}$　2　$30°$　$\sqrt{3}$　$60°$　1

$3 + \dfrac{\sqrt{3}}{2}N_2 = 0$　　$N_2 = -\dfrac{6}{\sqrt{3}}$

有理化して　$N_2 = -\dfrac{6}{\sqrt{3}} \times \dfrac{\sqrt{3}}{\sqrt{3}}$

　∴　$N_2 = -2\sqrt{3}$ kN

<u>Step-3</u>　モーメントのつりあい（節点 C 中心）

$N_1 \times \sqrt{3} + 3 \times 2 = 0$

有理化して　　∴　$N_1 = -2\sqrt{3}$ kN

　式（1）より　　$-2\sqrt{3} - \dfrac{2\sqrt{3}}{2} + N_3 = 0$

　∴　$N_3 = +3\sqrt{3}$ kN

［答］　$N_1 = -2\sqrt{3}$ kN，　　$N_2 = -2\sqrt{3}$ kN，
　　　　$N_3 = +3\sqrt{3}$ kN

モーメントのつりあい

右回りのモーメント

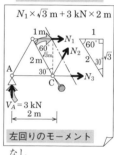

$N_1 \times \sqrt{3}$ m $+ 3$ kN $\times 2$ m

左回りのモーメント

なし

図のような荷重を受ける静定トラスにおいて，部材 1，2，3 に生じる軸方向力 N_1，N_2，N_3 を求めよ．

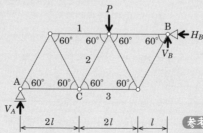

参考▶【一級】H13-5

さらに！▶演習問題 8・5

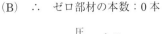

Exp Up! 1

（凡例）

――― 引張材（引）

―― 圧縮材（圧）

------- ゼロ部材

（A）　∴　ゼロ部材の本数：2本

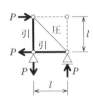

[補足]　簡単な反力の求め方

偶力のモーメントを利用して反力を求める.

<u>Step-1</u>　反力とつりあうように水平反力 P が生じる. このとき, 偶力のモーメント $P \cdot l$ （右回り）が発生する.

偶力のモーメント $P \cdot l$ （右回り）

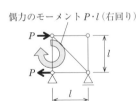

<u>Step-2</u>　これとつりあうように反力による偶力のモーメント Pl （左回り）が発生する.

偶力のモーメント $P \cdot l$ （左回り）

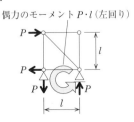

（B）　∴　ゼロ部材の本数：0本

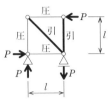

（C）　∴　ゼロ部材の本数：2本

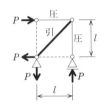

（D）　∴　ゼロ部材の本数：3本

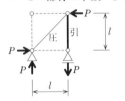

Exp Up! 2

（1）　示力図

示力図は 3 kN を移動して, 簡単に求めることができる.

①移動して三角形をつくる.

②三角形が閉じるように矢印を一周させる.　③隣に基本直角三角形を描き比較する.

(2) N_A

［大きさ］ $5 \times 1 = 5$

［符　号］ 節点イを押している→圧縮

（$-$）

$\therefore \quad N_A = -5\,\text{kN}$

(3) N_D

［大きさ］ $4 \times 1 = 4$

［符　号］ 節点イを引っ張っている→引

張（$+$）

$\therefore \quad N_D = +4\,\text{kN}$

(4) N_C

ゼロ部材であるから　　$\therefore \quad N_C = 0$

(5) N_B

$N_B = N_A$ より，　　$N_B = -5\,\text{kN}$

［答］ $N_A = -5\,\text{kN}$, $N_B = -5\,\text{kN}$,

$\qquad N_C = 0$, $N_D = +4\,\text{kN}$

Exp Up! ③

(1) 反力

$\therefore \quad V_A = V_B = \dfrac{2+2+2}{2} = 3\,\text{kN}$

$\therefore \quad H_A = 0$

(2) 応力

軸方向力を求

める部材1, 2,

3 を通るように

切断して，切断

面に求める軸方

向力 N_1, N_2, N_3

を記入する．

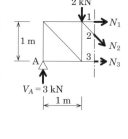

Step-1　水平方向のつりあい

N_2 は，図のように分解

して考える．

$\therefore \quad N_1 + \dfrac{N_2}{\sqrt{2}} + N_3 = 0 \ \cdots \ (1)$

Step-2　鉛直方向のつりあい

$3 = \dfrac{N_2}{\sqrt{2}} + 2 \qquad \dfrac{N_2}{\sqrt{2}} = 1$

$\therefore \quad N_2 = +\sqrt{2}\,\text{kN}$

Step-3　モーメントのつりあい

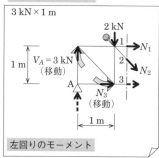

点Cをモーメントの中心にする（画鋲）．

$3 \times 1 = N_3 \times 1 \qquad \therefore \quad N_3 = +3\,\text{kN}$

式（1）より　　$N_1 + \dfrac{\sqrt{2}}{\sqrt{2}} + 3 = 0$

$\therefore \quad N_1 = -4\,\text{kN}$

［答］ $N_1 = -4\,\text{kN}$, $N_2 = +\sqrt{2}\,\text{kN}$,

$\qquad N_3 = +3\,\text{kN}$

Exp Up! ④

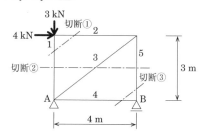

（1） 切断①

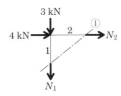

<u>Step-1</u> 鉛直方向のつりあい

$4 + N_2 = 0$　　$\therefore N_2 = -4$ kN

<u>Step-2</u> 鉛直方向のつりあい

$0 = N_1 + 3$　　$\therefore N_1 = -3$ kN

（2） 切断②

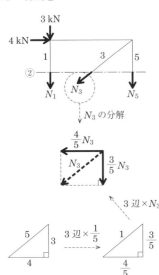

<u>Step-1</u> 水平方向のつりあい

$4 = \dfrac{4}{5}N_3$　　$\dfrac{4}{5}N_3 = 4$

$\therefore N_3 = +5$ kN

<u>Step-2</u> 鉛直方向のつりあい

$0 = 3 + N_1 + \dfrac{3}{5}N_3 + N_5$

$0 = 3 - 3 + 3 + N_5$　　$\therefore N_5 = -3$ kN

（3） 切断③

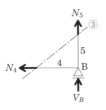

<u>Step-1</u> 水平方向のつりあい

$0 = N_4$　　$\therefore N_4 = 0$

［答］ $N_1 = -3$ kN, $N_2 = -4$ kN,

　　　$N_3 = +5$ kN, $N_4 = 0$,

　　　$N_5 = -3$ kN

Exp Up! 5

（1） 反力の計算

<u>Step-1</u> 水平方向のつりあい

$\therefore H_B = 0$

<u>Step-2</u> 鉛直方向のつりあい

$\therefore V_A + V_B = P$

<u>Step-3</u> モーメントのつりあい（支点B中心）

$V_A \times 5l = P \times 2l$　　$\therefore V_A = \dfrac{2}{5}P$

（2） 応力の計算

図のように，部材 1，2，3 を点線の位置で切断する．各部材に軸方向力 N_1, N_2, N_3 を引張方向に仮定する．

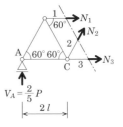

Step-1　水平方向のつりあい

N_2 は，図のように分解して考える．

$$N_1 + \frac{N_2}{2} + N_3 = 0 \quad \cdots \quad (1)$$

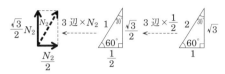

Step-2　鉛直方向のつりあい

$$\frac{2}{5}P + \frac{\sqrt{3}}{2}N_2 = 0$$

$$\therefore \quad N_2 = -\frac{4}{5\sqrt{3}}P$$

〔注〕有理化しても分数なのでそのままでよい．

Step-3　モーメントのつりあい

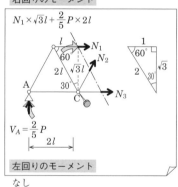

右回りのモーメント

$$N_1 \times \sqrt{3}l + \frac{2}{5}P \times 2l$$

$V_A = \frac{2}{5}P$

左回りのモーメント

なし

節点 C をモーメントの中心にする．

$$N_1 \times \sqrt{3}l + \frac{2}{5}P \times 2l = 0$$

$$\therefore \quad N_1 = -\frac{4}{5\sqrt{3}}P$$

式（1）より

$$-\frac{4}{5\sqrt{3}}P - \frac{2}{5\sqrt{3}}P + N_3 = 0$$

$$\therefore \quad N_3 = +\frac{6}{5\sqrt{3}}P$$

［答］　$N_1 = -\dfrac{4}{5\sqrt{3}}P, \quad N_2 = -\dfrac{4}{5\sqrt{3}}P,$

$$N_3 = +\frac{6}{5\sqrt{3}}P$$

演習問題

チャレンジ！

演習問題 8・1　トラスのゼロ部材

　図のようなそれぞれ8本の部材で構成する片持ばり形式の静定トラス(a)，(b)，(c) において，軸方向力が生じない部材の本数を答えよ．

［参考：二級・R1-5］

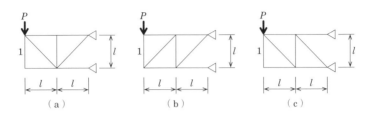

(a)　　　　　　　(b)　　　　　　　(c)

演習問題 8・2　トラスの応力（節点法）

　図のような荷重 P を受ける静定トラスにおいて，部材 A，B に生じる軸方向力を求めよ．

［参考：一級・H25-5］

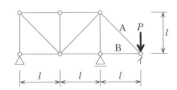

演習問題 8・3　トラスの応力（切断法）その1

　図のような荷重を受けるトラスにおいて，部材 1〜3 に生じる軸方向力を求めよ．

［参考：一級・H17-5］

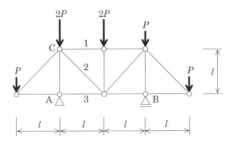

8 章

演習問題 8・4 **トラスの応力（切断法）その 2**

　図のような荷重を受ける静定トラスにおいて，部材 1〜3 に生じる軸方向力を求めよ．

［参考：二級・H15-6］

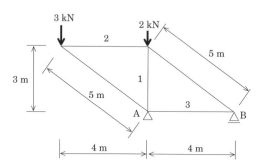

演習問題 8・5 **トラスの応力（切断法）その 3**

　図のような荷重を受ける静定トラスにおいて，部材 1〜3 に生じる軸方向力を求めよ．

［参考：一級・H23-5］

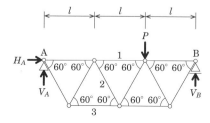

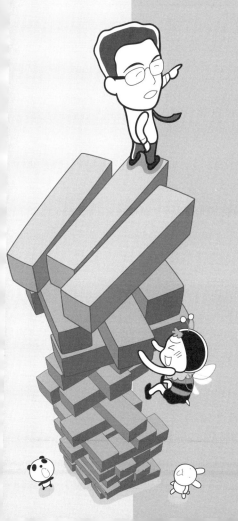

9 章

不静定ばり

　力のつりあい方程式だけでは解けない
ものを不静定構造という．本章では，ま
ず，静定・不静定の判別法について学ん
だ後，不静定ばりについて，たわみの計
算式を利用して反力を求める．また，応
力図のうち曲げモーメント図について解
析する．

1 不静定次数

基本問題 1

　次のラーメンの不静定次数を求めて，安定・不安定を判別せよ．安定の場合は，静定または何次不静定か答えよ．

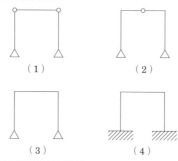

（1）　　　　　　　　　（2）

（3）　　　　　　　　　（4）

静定・不静定の判別式

不静定次数 $m =$ 部材数 $s +$ 剛節接合数 $r +$ 反力数 n

$$-2 \times \text{節点数} \ k$$

$m < 0$ のとき，不安定構造物

$m = 0$ のとき，静定構造物

$m > 0$ のとき，不静定構造物，m は不静定の次数を表す．

これが基本！

剛節接合数は，剛節点に集まる部材本数から 1 を引いた数．

解答

（1）　不静定次数 $m = 3 + 0 + 4 - 2 \times 4 = -1$

　　判定：不安定

（2）　不静定次数 $m = 4 + 2 + 4 - 2 \times 5 = 0$

　　判定：静定

（3）　不静定次数 $m = 3 + 2 + 4 - 2 \times 4 = 1$

　　判定：一次不静定

（4）　不静定次数 $m = 3 + 2 + 6 - 2 \times 4 = 3$

　　判定：三次不静定

基本問題2 難易度 ★★☆

次のラーメンの不静定次数を求めて，安定・不安定を判別せよ．安定の場合は，静定または何次不静定かを答えよ．

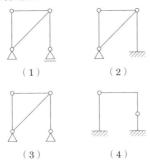

（1）　（2）　（3）　（4）

参考 ▶ [一級] R1-6

これで納得！

構造物 ─ 安定 ─ 静定 / 不静定
　　　└ 不安定（危険）

解答

（1）　不静定次数 $n = 4 + 0 + 3 - 2 \times 4 = -1$
　　判定：不安定

（2）　不静定次数 $n = 4 + 0 + 5 - 2 \times 4 = 1$
　　判定：一次不静定

（3）　不静定次数 $n = 4 + 0 + 4 - 2 \times 4 = 0$
　　判定：静定

（4）　不静定次数 $n = 4 + 1 + 6 - 2 \times 5 = 1$
　　判定：一次不静定

EXP UP! 1

次の架構のうち，静定構造はどれか．

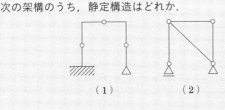

（1）　（2）　（3）

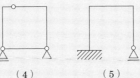

（4）　（5）

参考 ▶ [一級] H20-6
さらに！▶ 演習問題 9・1

173

2 不静定ばりの反力（1）

図のような等分布荷重を受ける不静定ばりの支点 A の鉛直反力 V_A を求めよ.

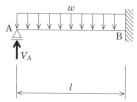

参考 ▶ [一級] H19-2

考え方

支点 A は上下方向には移動しない $(\delta_A = 0)$.

このことから, 支点 A を自由端としたときのたわみ δ_{A1} と反力 V_A を先端に集中荷重として上向きに作用させたときのたわみ δ_{A2} が等しいと考える.

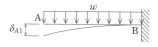

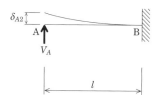

必ず覚える！

たわみの公式

（1）片持ばり＋集中荷重

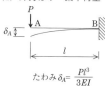

たわみ $\delta_A = \dfrac{Pl^3}{3EI}$

（2）片持ばり＋等分布荷重

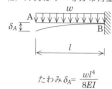

たわみ $\delta_A = \dfrac{wl^4}{8EI}$

解答

$$\delta_{A1} = \frac{wl^4}{8EI} \qquad \delta_{A2} = \frac{V_A l^3}{3EI}$$

$\delta_{A1} = \delta_{A2}$ より $\qquad \dfrac{V_A \times l^3}{3EI} = \dfrac{wl^4}{8EI}$

∴ 支点 A の鉛直反力 $V_A = \dfrac{3wl}{8}$

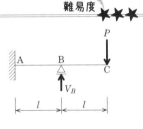

基本問題2

難易度 ★★★

図のような集中荷重を受ける不静定ばりの
支点 B の鉛直反力 V_B を求めよ.

仮想仕事の原理

たわみ δ =（M 図の面積）×
（$\overline{M}$ 図の面積）× $\dfrac{1}{EI}$

ただし, $\overline{M}$ 図はたわみを求
めたい点に $P=1$ を作用さ
せる.
面積の積の計算式は 6 章 7
節 $M\overline{M}$ 図の表を参照.

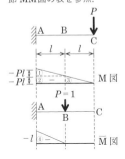

解答

<u>Step-1</u>　支点 B のない片持ばりとしたときの点 B の
たわみ δ_1 を仮想仕事の原理より求める. 左図より

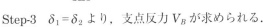

$$\delta_1 = \left(\frac{1}{3} \times (-Pl) \times (-l) \times l + \frac{1}{2} \times (-Pl) \times (-l) \times l \right)$$

$$\times \frac{1}{EI} = \frac{Pl^3}{6EI} \qquad \therefore \quad \delta_1 = \frac{5Pl^3}{6EI}$$

<u>Step-2</u>　支点反力 V_A を荷重として, 片持ばりの先端
に作用したときのたわみ δ_2 を
求める.

$$\therefore \quad \delta_2 = \frac{V_B l^3}{3EI}$$

<u>Step-3</u>　$\delta_1 = \delta_2$ より, 支点反力 V_B が求められる.

$$\frac{5Pl^3}{6EI} = \frac{V_B l^3}{3EI} \qquad \therefore \quad V_B = \frac{5}{2}P$$

9章

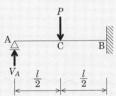

図のような集中荷重を受ける不静定ばりの支点 A の鉛直反力 V_A を求めよ.

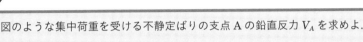

さらに!▶演習問題 9・2

3 不静定ばりの反力（2）

基本問題1

難易度 ★★★

はりのヒンジであるB点に集中荷重Pが作用したとき，A点，C点の鉛直反力 V_A，V_C を求めよ．

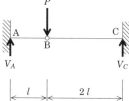

参考 ▶[一級] H5-2

考え方

このはりは，2つの片持ばり（1），（2）が連結したものと考える．ただし，$P = P_1 + P_2$ とする．

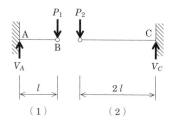

必ず覚える！
たわみの公式

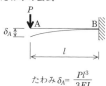

たわみ $\delta_A = \dfrac{Pl^3}{3EI}$

解答

（1）のたわみを δ_{B1}，（2）のたわみを δ_{B2} とすると

$$\delta_{B1} = \frac{P_1 l^3}{3EI} \qquad \delta_{B2} = \frac{P_2 \times (2l)^3}{3EI} = \frac{8P_2 l^3}{3EI}$$

実際は連結されており，たわみは等しいので，$\delta_{B1} = \delta_{B2}$

$$\frac{P_1 l^3}{3EI} = \frac{8P_2 l^3}{3EI} \qquad \therefore \quad P_1 = 8P_2$$

また，$P = P_1 + P_2$ より　　$\therefore \quad P_1 = \dfrac{8}{9}P, \quad P_2 = \dfrac{1}{9}P$

よって，鉛直方向の力のつりあいから

$$V_A = P_1 \qquad V_C = P_2$$

$$\therefore \quad V_A = +\frac{8}{9}P, \quad V_C = +\frac{1}{9}P$$

図のようなモーメント荷重を受ける不静定ばりの支点 B の鉛直反力 V_B を求めよ.

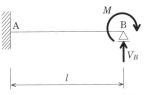

解答

この問題のねらい！

不静定ばりの反力を，たわみの式を利用して求める問題である.

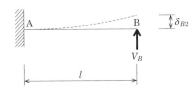

必ず覚える！

たわみの公式

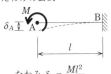

たわみ $\delta_A = \dfrac{Ml^2}{2EI}$

$$\delta_{B1} = \frac{Ml^2}{2EI} \qquad \delta_{B2} = \frac{V_B l^3}{3EI}$$

$\delta_{B1} = \delta_{B2}$ より $\qquad \dfrac{Ml^2}{2EI} = \dfrac{V_B l^3}{3EI}$

$\therefore \quad V_B = \dfrac{3M}{2l}$

9 章

Exp Up! 3

図のような交差した単純ばりの支点反力 V_A, V_B を求めよ.

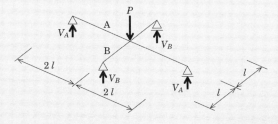

ヒント

2 つのはりを別々に考えたとき，中央のたわみが同じであることを利用する.

参考 ▶ [一級] R2-2

さらに！▶ 演習問題 9・3

基本問題 **1**

　図のようなはり（A），（B），（C）にそれぞれ荷重 P が作用している場合，最大曲げモーメントをそれぞれ M_A, M_B, M_C としたとき，それらの比 $M_A : M_B : M_C$ を求めよ．

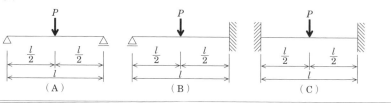

（A）　　　　　　（B）　　　　　　（C）

公　式

　（A）単純ばり，（B）一端固定他端移動ばり，（C）固定ばりのそれぞれの中央に集中荷重 P が作用した場合と等分布荷重 w が作用した場合の最大曲げモーメントおよび支点のモーメントを示す．

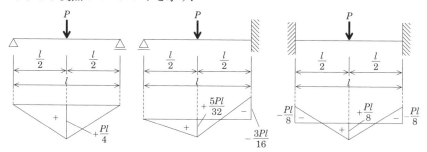

解答

　公式より，最大曲げモーメント（絶対値）を比較すると

$$M_A = \frac{Pl}{4} \qquad M_B = \frac{3Pl}{16} \qquad M_C = \frac{Pl}{8}$$

よって　　$M_A : M_B : M_C = \dfrac{1}{4} : \dfrac{3}{16} : \dfrac{1}{8}$

$\therefore \quad M_A : M_B : M_C = 4 : 3 : 2$

基本問題 2

難易度 ★★☆

図のようなはり（A），（B），（C）にそれぞれ等分布荷重 w が作用している場合，最大曲げモーメントをそれぞれ M_A，M_B，M_C としたとき，それらの比 $M_A : M_B : M_C$ を求めよ．

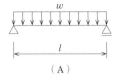
（A）

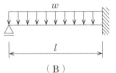
（B）

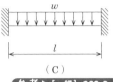
（C）

参考 ▶ [一級] S63-2

解答

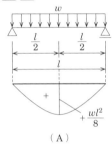
（A）

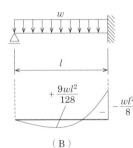
（B）

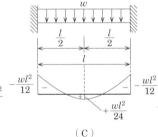
（C）

よって　$M_A : M_B : M_C = \dfrac{wl^2}{8} : \dfrac{wl^2}{8} : \dfrac{wl^2}{12} = \dfrac{1}{8} : \dfrac{1}{8} : \dfrac{1}{12}$

∴　$M_A : M_B : M_C = 3 : 3 : 2$

EXP UP! 4

図のような等分布荷重を受けるはり（A），（B），（C）に生じる最大曲げモーメントをそれぞれ M_A，M_B，M_C としたとき，それらの比 $M_A : M_B : M_C$ を求めよ．

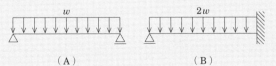
（A）　　　　　　　（B）

ヒント
代表的なはりの曲げモーメント

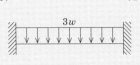
（C）

さらに！ ▶ 演習問題 9・4

Exp Up! 1

(1) 不静定次数 $m=6+2+5-2\times7=-1$
判定：不安定

(2) 不静定次数 $m=4+0+3-2\times4=-1$
判定：不安定

(3) 不静定次数 $m=4+0+5-2\times4=1$
判定：一次不静定

(4) 不静定次数 $m=5+2+3-2\times5=0$
判定：静定

(5) 不静定次数 $m=3+2+4-2\times4=1$
判定：一次不静定

［答］（4）

Exp Up! 2

<u>Step-1</u> 支点 A のない片持ばりとしたときの点 A のたわみ δ_{A1} を仮想仕事の原理より求める.

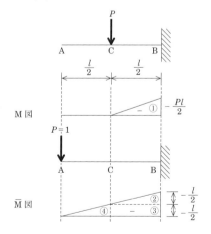

$$\delta_{A1} = \overbrace{\left(\frac{1}{3}\times\left(-\frac{Pl}{2}\right)\times\left(-\frac{l}{2}\right)\times\frac{l}{2}\right.}^{①\times②の面積}$$

$$\left.+\overbrace{\frac{1}{2}\times\left(-\frac{Pl}{2}\right)\times\left(-\frac{l}{2}\right)\times\frac{l}{2}}^{①\times③の面積}\right)\times\frac{1}{EI}$$

$$=\frac{5Pl^3}{48EI}$$

$$\therefore \quad \delta_{A1}=\frac{5Pl^3}{48EI}$$

<u>Step-2</u> 支点反力 V_A を荷重として，片持ばりの先端に作用したときのたわみ δ_{A2} を求める.

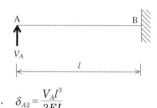

$$\therefore \quad \delta_{A2}=\frac{V_A l^3}{3EI}$$

<u>Step-3</u> $\delta_{A1}=\delta_{A2}$ より，支点反力 V_A が求められる.

$$\frac{5Pl^3}{48EI}=\frac{V_A l^3}{3EI}$$

$$\therefore \quad V_A=\frac{5P}{16}$$

Exp Up! 3

図のように，2つの単純ばり A，B について考える．

<u>Step-1</u>　単純ばり A

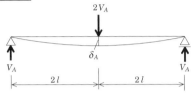

集中荷重を $2V_A$ として，スパン中央のたわみ δ_A を求める．

$$\delta_A = \frac{2V_A \times (4l)^3}{48EI} = \frac{8V_A l^3}{3EI}$$

<u>Step-2</u>　単純ばり B

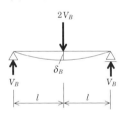

集中荷重を $2V_B$ として，スパン中央のたわみ δ_B を求める．

$$\delta_B = \frac{2V_B \times (2l)^3}{48EI} = \frac{V_B l^3}{3EI}$$

<u>Step-3</u>　$\delta_A = \delta_B$ より　　∴　$8V_A = V_B$

また，$2V_A + 2V_B = P$ であるから

$$V_A = \frac{P}{18} \qquad V_B = \frac{8P}{18} = \frac{4P}{9}$$

［答］　$V_A = \dfrac{P}{18}$,　$V_B = \dfrac{4P}{9}$

Exp Up! 4

公式より最大曲げモーメント（絶対値）を比較すると

$$M_A = \frac{wl^2}{8}$$

$$M_B = \frac{2wl^2}{8}$$

$$M_C = \frac{3wl^2}{12} = \frac{wl^2}{4} = \frac{2wl^2}{8}$$

よって，$M_A : M_B : M_C = \dfrac{1}{8} : \dfrac{2}{8} : \dfrac{2}{8}$

∴　$M_A : M_B : M_C = 1 : 2 : 2$

演習問題

演習問題 9・1 不静定次数

次の架構のうち，不安定構造はどれか. ［参考：一級・H15-5］

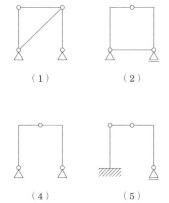

（1）　　　　　　（2）　　　　　　（3）

（4）　　　　　　（5）

演習問題 9・2 不静定ばりの反力（1）

同じ単純ばりが等分布荷重 w および集中荷重 P を受ける場合のはりの中央鉛直変位が，図1の（a）および（b）のように与えられている．図1のはりと同一断面，同一材質からなる図2のはりのA点の鉛直反力 V_A とB点の鉛直反力 V_B の大きさの比を求めよ．ただし，はりの自重は無視するものとする.

［参考：一級・H6-2］

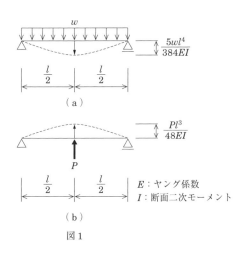

図1

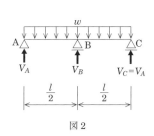

図2

【演習問題 9·3】 **不静定ばりの反力（2）**

はりのヒンジである B 点に集中荷重 P が作用したとき，A 点，C 点の鉛直反力 V_A，V_C を求めよ．

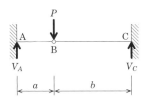

【演習問題 9·4】 **不静定ばりの曲げモーメント**

図のようなはり（A），（B），（C）にそれぞれ荷重 P が作用している場合，最大曲げモーメントをそれぞれ M_A，M_B，M_C としたとき，それらの比 $M_A : M_B : M_C$ を求めよ．

［参考：一級・H15-3］

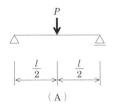

（A）

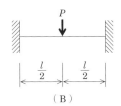

（B）

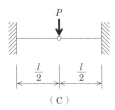

（C）

10章

不静定ラーメン

構造力学の中でも不静定ラーメンは最も難解と思われる骨組といえる．本章では，不静定ラーメンの曲げモーメント図について学ぶ．モーメントの伝達の基本的な考えを習得すると，難しい計算をしなくても，容易に解くことができる．

基本問題1

　図のようなラーメンにおいて、柱Aを基準としたときのはりBの剛比を求めよ。ただし、はりBの断面二次モーメントの値は、柱Aの断面二次モーメントの値の3倍とする。

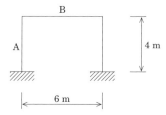

参考▶[二級] H10-2

剛度と剛比

$$剛度\ K = \frac{I}{l} = \frac{断面二次モーメント}{部材の長さ}$$

　ある部材の剛度を標準剛度としたとき、各部材の標準剛度に対する比を剛比という。

$$剛比\ k = \frac{K}{K_0} = \frac{その部材の剛度}{標準剛度}$$

剛度とは
剛度は、部材の強さや曲がりにくさの指標。

剛比とは
剛比は、基準とする部材に対する剛度の比。

解答

柱の剛度 $K_0 = \dfrac{I}{4}$

はりの剛度 $K = \dfrac{3I}{6} = \dfrac{I}{2}$

$\therefore$ 剛比 $k = \dfrac{K}{K_0} = \dfrac{\dfrac{I}{2}}{\dfrac{I}{4}} = 2$

基本問題 2

図のようなラーメンにおいて，柱を基準としたときの各部材の剛比を求めよ．

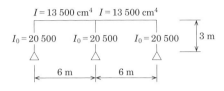

解答

単位

剛度：mm^3, cm^3 など
剛比：なし（無次元量）

（1）　剛度の計算

$$柱の剛度 \ K_0 = \frac{20\,500}{300} = 68.3 \ cm^3$$

$$はりの剛度 \ K = \frac{13\,500}{600} = 22.5 \ cm^3$$

（2）　剛比の計算

$$\therefore \quad 柱の剛比 \ k_0 = \frac{68.3}{68.3} = 1$$

$$\therefore \quad はりの剛比 \ k = \frac{22.5}{68.3} = 0.33$$

Exp Up! 1

図のようなラーメンにおいて，柱 A を基準としたときのはり B の剛比を求めよ．ただし，はり B の断面二次モーメントの値は，柱 A の断面二次モーメントの値の 2 倍とする．

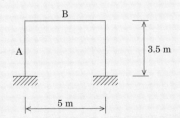

参考▶[二級] H1-7
さらに!▶演習問題 10·1

2 分配モーメント

基本問題 1

図のようなラーメンの節点 A に曲げ
モーメント $M = \dfrac{Pl}{4}$ が作用したときの
各部材の分配モーメントを計算して M
図を描け.

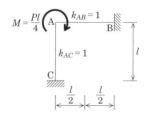

解答

剛比の総和

$$\Sigma k = k_{AB} + k_{AC} = 1 + 1 = 2$$

分配モーメント

$$M_{AB} = \frac{Pl}{4} \times \frac{1}{2} = \frac{Pl}{8} \qquad M_{AC} = \frac{Pl}{4} \times \frac{1}{2} = \frac{Pl}{8}$$

到達モーメント

$$M_{BA} = \frac{Pl}{8} \times \frac{1}{2} = \frac{Pl}{16} \qquad M_{CA} = \frac{Pl}{8} \times \frac{1}{2} = \frac{Pl}{16}$$

結 果

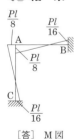

[答] M 図

M 図の描き方

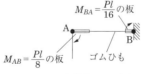

AB 部材をゴムひもとして，M_{AB} と M_{BA}
の板を張り付け，それぞれ中心を点 A，
点 B として，モーメント荷重 M の方向
に 90°ひねった形が M 図となる.

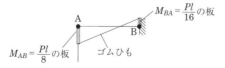

有効剛比

節点に作用する曲げモーメ
ントは，有効剛比 k_e の値
に応じて比例配分される.
他端の支持条件によって有
効剛比が定められている.

節点	他端	有効剛比 k_e	到達モーメント
	固定	$1.0\,k$	$\dfrac{1}{2}$
	ピン	$0.75\,k$	0
	自由	0	0

分配モーメント

節点に作用する曲げモーメ
ントは，有効剛比の値に応
じて比例配分される．これ
を分配モーメントという.

到達モーメント

分配モーメントは，固定さ
れた他端には，その $\dfrac{1}{2}$ が伝
達する．これを到達モーメ
ントという．ピンと自由端
では 0 となる.

基本問題 2

難易度 ★★★

図のような集中荷重を受けるラーメンの曲げモーメント図を描け．ただし，すべての部材は等質等断面とし，図の A 点は剛接合で，D 点は自由端とする．

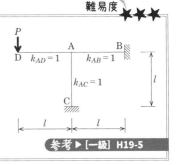

参考 ▶ [一級] H19-5

解答

これで納得！

M 図の (＋)，(−) は，図のどちらに描かれているかで判断するものとし，図示しない．

(1)　片持部分：節点 A を固定端として，片持ばりの M 図を考える．

(2)　ラーメン部分：片持部分の M 図から，節点 A にモーメント荷重 $M = Pl$ を考える．

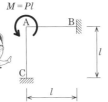

ここがポイント！

節点 A には，点 D に作用する鉛直荷重 P により，モーメント荷重 $M = Pl$（左回り）が生じる．このモーメント M が材の剛比に応じて AB 材，AC 材に分配される．

分配モーメント $M_{AB} = M_{AC} = Pl \times \dfrac{1}{1+1} = \dfrac{1}{2} Pl$

到達モーメント
$M_{BA} = M_{CA} = \dfrac{1}{2} Pl \times \dfrac{1}{2} = \dfrac{1}{4} Pl$

(3)　結果：(1) と (2) を合成して M 図を求める．

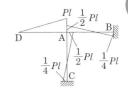

10章

EXP UP！ 2

図のようなラーメンの節点 B に曲げモーメント $2M$ が作用したときの M 図を描け．ただし，各部材の曲げ剛性 EI は等しいものとする．

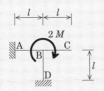

ヒント

他端が自由端の場合，有効剛比は 0 となり，分配モーメントは 0 となる．

参考 ▶ [一級] H6-3
さらに！▶ 演習問題 10・2

189

3 不静定ラーメンの M 図

基本問題 1

難易度 ★★★

図のような集中荷重を受けるラーメンの曲げモーメント図を固定モーメント法によって描け.

ただし,柱とはりの剛比は,ともに 1 とする.

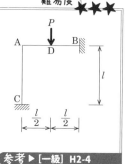

参考 ▶ [一級] H2-4

解答

◇ 固定モーメント法

節点を固定端に置き換えた固定モーメントによる M 図と,固定モーメントを逆向きにした解放モーメントによる M 図を合成して求める方法である.

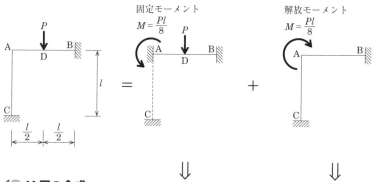

◇ M 図の合成

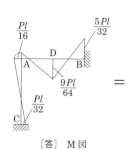

[答] M 図

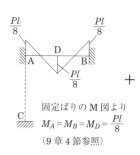

固定ばりの M 図より
$$M_A = M_B = M_D = \frac{Pl}{8}$$
(9 章 4 節参照)

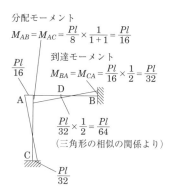

分配モーメント
$$M_{AB} = M_{AC} = \frac{Pl}{8} \times \frac{1}{1+1} = \frac{Pl}{16}$$

到達モーメント
$$M_{BA} = M_{CA} = \frac{Pl}{16} \times \frac{1}{2} = \frac{Pl}{32}$$

$$\frac{Pl}{32} \times \frac{1}{2} = \frac{Pl}{64}$$
(三角形の相似の関係より)

基本問題 2

難易度 ★★★

図のような集中荷重を受けるラーメンの M 図を描け.
ただし, 柱とはりの剛比はともに 1 とする.

解答　上図は（1）固定モーメント法，下図は（2）M 図の合成

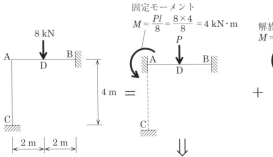

固定モーメント
$$M = \frac{Pl}{8} = \frac{8 \times 4}{8} = 4 \text{ kN·m}$$

解放モーメント
$$M = 4 \text{ kN·m}$$

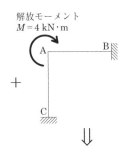

分配モーメント
$$M_{AB} = M_{AC} = 4 \times \frac{1}{1+1} = 2 \text{ kN·m}$$

到達モーメント
$$M_{BA} = M_{CA} = 2 \times \frac{1}{2} = 1 \text{ kN·m}$$

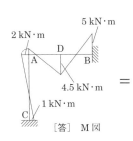

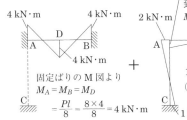

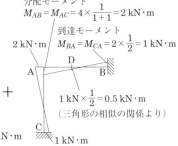

[答] M 図

固定ばりの M 図より
$$M_A = M_B = M_D$$
$$= \frac{Pl}{8} = \frac{8 \times 4}{8} = 4 \text{ kN·m}$$

$$1 \text{ kN} \times \frac{1}{2} = 0.5 \text{ kN·m}$$
（三角形の相似の関係より）

EXP UP! 3

図のような等分布
集中荷重を受ける
ラーメンの曲げモーメン
ト図を描け.

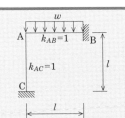

ヒント

固定ばり＋等分布荷重の
M 図は 9 章 4 節を参照.

さらに！▶ 演習問題 10・3

4 門型ラーメンの M 図

基本問題 1

図のような集中荷重を受ける門型ラーメンの
曲げモーメント図を描け.

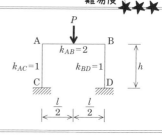

解答

◇ 有効剛比

両端が剛節点の場合，対称形・非対称形に
よって有効剛比 k_e が定められている.

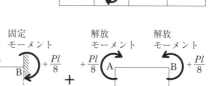

一端	他端	有効剛比 k_e	到達モーメント
		0.5 k	0
		1.5 k	0

◇ 固定モーメント法

はりの有効剛比 $k_{eAB} = 0.5 \times 2 = 1$

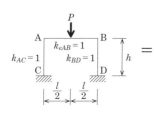

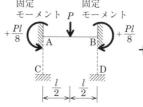

◇ M 図の合成

分配モーメント
$$M_{AC} = M_{AB} = \frac{Pl}{8} \times \frac{1}{1+1} = \frac{Pl}{16}$$

分配モーメント
$$M_{BD} = M_{BA} = \frac{Pl}{8} \times \frac{1}{1+1} = \frac{Pl}{16}$$

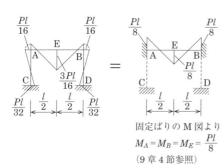

固定ばりの M 図より
$$M_A = M_B = M_E = \frac{Pl}{8}$$
（9 章 4 節参照）

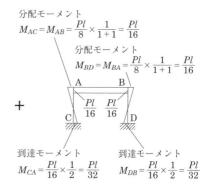

到達モーメント
$$M_{CA} = \frac{Pl}{16} \times \frac{1}{2} = \frac{Pl}{32}$$

到達モーメント
$$M_{DB} = \frac{Pl}{16} \times \frac{1}{2} = \frac{Pl}{32}$$

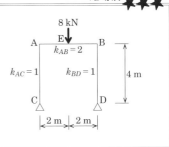

基本問題2

難易度 ★★★

図のような集中荷重を受けるラーメンの曲げモーメント図を描け.

解答 はりの有効剛比 $k_{eAB} = 0.5 \times 2 = 1$

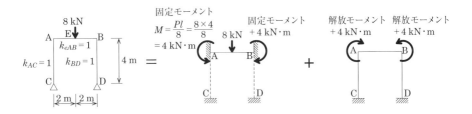

🔶 **M 図の合成**

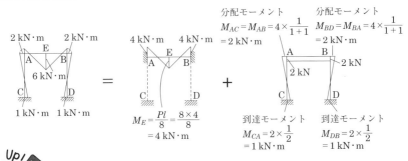

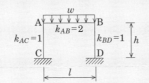

図のような等分布荷重を受けるラーメンの曲げモーメント図を描け.

さらに！▶ 演習問題 10・4

5 層間変位と水平剛性

基本問題 1

難易度 ★★☆

図のような水平力が作用する二層構造物（一層の水平剛性 $2K$, 二層の水平剛性 K）において，一層の層間変位 δ_1 と二層の層間変位 δ_2 との比を求めよ.

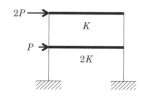

参考 ▶ [一級] H11-3

公式

多層構造のラーメンに水平力が作用すると骨組は変形し，それぞれの層間に変位が生じる.

$$層間変位\ \delta = \frac{層せん断力\ Q}{水平剛性\ K}$$

解答

一層の層せん断力 $Q_1 = P + 2P = 3P$

二層の層せん断力 $Q_2 = 2P$

したがって

一層の層間変位 $\delta_1 = \dfrac{Q_1}{K_1} = \dfrac{3P}{2K}$

二層の層間変位 $\delta_2 = \dfrac{Q_2}{K_2} = \dfrac{2P}{K}$

したがって

$$\delta_1 : \delta_2 = \frac{3P}{2K} : \frac{2P}{K} = \frac{3P}{2K} : \frac{4P}{2K} = 3 : 4$$

$$\therefore \quad \delta_1 : \delta_2 = 3 : 4$$

必ず覚える！

各層の層せん断力は次のように計算する.

$Q_1 = P_1 + P_2 + P_3$
$Q_2 = P_2 + P_3$
$Q_3 = P_3$

基本問題2

難易度 ★☆☆

図のような水平力が作用する三層構造物において，各層の層間変位が等しくなるときの各層の水平剛性 K_1, K_2, K_3 の比を求めよ．ただし，はりは剛とし，柱の伸縮はないものとする．

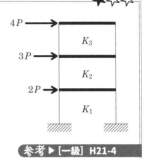

参考▶[一級] H21-4

解答

公式

層間変位 $\delta = \dfrac{\text{層せん断力 } Q}{\text{水平剛性 } K}$

層間変位 $\delta = \dfrac{\text{層せん断力 } Q}{\text{水平剛性 } K}$ より

一層の層間変位 $\delta_1 = \dfrac{2P+3P+4P}{K_1} = \dfrac{9P}{K_1}$

二層の層間変位 $\delta_2 = \dfrac{3P+4P}{K_2} = \dfrac{7P}{K_2}$

三層の層間変位 $\delta_3 = \dfrac{4P}{K_3}$

$\delta_1 = \delta_2 = \delta_3$ となるためには，$K_1 : K_2 : K_3 = 9 : 7 : 4$

10章

EXP UP! 5

図のような水平力が作用する三層構造物において，各層の層間変位が等しくなるときの各層の水平剛性 K_1, K_2, K_3 の比を求めよ．ただし，はりは剛とし，柱の伸縮はないものとする．

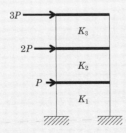

参考▶[一級] H7-4

さらに!▶演習問題 10・5

6 水平剛性と柱の負担せん断力

図のような柱脚の支持条件が異なる3つのラーメンに水平荷重 P が作用する場合，柱 A，B，C に生じるせん断力をそれぞれ Q_A，Q_B，Q_C としたとき，それらの大小関係を大きい順に示せ．ただし，すべての柱は等質等断面の弾性部材とし，はりは剛体とする．

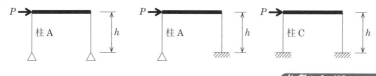

参考 ▶ [一級] R2-3

解答

剛なはりでつながった各柱の水平力の分担比は，それぞれの水平剛性の比となる．

一端固定・他端ピンの柱の水平剛性は，$K = \dfrac{3EI}{L^3}$

両端固定の柱の水平剛性は，$K = \dfrac{12EI}{L^3}$

(1) 柱 A：左右の柱の水平剛性は等しいので，水平力の分担比は，$K_左 : K_右 = 1 : 1$

∴ 柱 A の負担せん断力 $Q_A = \dfrac{1}{1+1}P = \dfrac{1}{2}P$

(2) 柱 B：$K_左 = \dfrac{3EI}{h^3}$　　$K_右 = \dfrac{12EI}{h^3}$

水平力の分担比は，$K_左 : K_右 = 1 : 4$

∴ 柱 B の負担せん断力 $Q_B = \dfrac{1}{1+4}P = \dfrac{1}{5}P$

(3) 柱 C：左右の柱の水平剛性は等しいので，水平力の分担比は，$K_左 : K_右 = 1 : 1$

∴ 柱 C の負担せん断力 $Q_C = \dfrac{1}{1+1}P = \dfrac{1}{2}P$

∴ $Q_A = Q_C > Q_B$

水平剛性

水平剛性 K は，曲げ剛性 EI に比例し，柱の長さ L の3乗に反比例する．柱の支持条件により，次式により求められる．

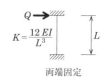

$$K = \frac{3EI}{L^3}$$

一端固定・他端ピン

$$K = \frac{12EI}{L^3}$$

両端固定

基本問題 2

難易度 ★★☆

図のようなラーメンに水平力 P が作用する場合，柱 A，B，C に生じるせん断力をそれぞれ Q_A, Q_B, Q_C としたとき，せん断力 Q_A，Q_B，Q_C の比を求めよ．ただし，それぞれの柱は等質等断面の弾性部材で曲げ剛性は EI または $2EI$ であり，はりは剛体とする．

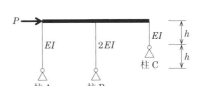

参考 ▶ [一級] H23-3

解答

ここがポイント！

各柱の負担せん断力 Q は，各柱の水平剛性 K に比例する．

剛体のはりでつながっているので，各柱頭の水平変位 δ は等しく，各柱の負担せん断力 Q は，各柱の水平剛性 K に比例する．したがって，各柱の負担せん断力の比は，それぞれの水平剛性の比となる．

一端固定，他端の場合の柱の水平剛性は，$K = \dfrac{3EI}{L^3}$ であるから

$$Q_A : Q_B : Q_C = \frac{3EI}{(2h)^3} : \frac{3 \times 2EI}{(2h)^3} : \frac{3EI}{h^3}$$

$$= \frac{3EI}{8h^3} : \frac{6EI}{8h^3} : \frac{24EI}{8h^3}$$

$$= 3 : 6 : 24 = 1 : 2 : 8$$

$$\therefore \quad Q_A : Q_B : Q_C = 1 : 2 : 8$$

10章

EXP UP! 6

図のような水平力が作用する骨組において，柱 A，B，C の水平力の分担比 $Q_A : Q_B : Q_C$ を求めよ．ただし，3 本の柱はすべて等質等断面の弾性部材とし，はりは剛とする．

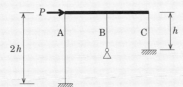

参考 ▶ [一級] H26-6

さらに！▶ 演習問題 10・6

197

7 柱のせん断力と材端モーメント

基本問題 1

図のような二層のラーメンにおいて，2階に水平荷重 P_1，R階に水平荷重 P_2 が作用したときの柱の曲げモーメントを示したものである．

次の(1)〜(4)の値を求めよ．

(1) はりのせん断力 Q_A，Q_B，Q_C

(2) 右側の柱の軸方向圧縮力 N

(3) 右側の支点の反力 V

(4) 水平荷重 P_1，P_2

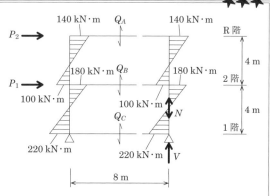

参考 ▶ [一級] H30-4

解答

(1) はりのせん断力 Q_A，Q_B，Q_C

はりのM図およびはりのせん断力の式から

$$Q_A = \frac{140 + 140}{8} = 35 \text{ kN}$$

$$Q_B = \frac{280 + 280}{8} = 70 \text{ kN}$$

$$Q_C = \frac{220 + 220}{8} = 55 \text{ kN}$$

(2) 右側の柱の軸方向圧縮力 N

$$N = Q_A + Q_B = 35 + 70$$
$$= 105 \text{ kN （圧縮）}$$

(3) 右側の支点の反力 V

$$V = Q_A + Q_B + Q_C = 35 + 70 + 55$$
$$= +160 \text{ kN}$$

柱のせん断力

柱のせん断力
$$= \frac{M(柱頭) + M(柱脚)}{h （階高）}$$

はりのせん断力
$$= \frac{M（左端） + M（右端）}{l （スパン）}$$

はりのM図

節点のモーメントのつりあいから，はりのM図を求める．

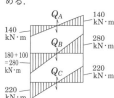

（4）　水平荷重 P_1, P_2

2階柱のせん断力 $Q_2 = \dfrac{100+140}{4} = +60 \text{ kN}$

$P_2 = +60 \times 2 = +120 \text{ kN}$

$\therefore \quad P_2 = +120 \text{ kN}$

1階柱のせん断力の和 $Q_1 = \dfrac{180+220}{4} = +100 \text{ kN}$

$P_1 + P_2 = 100 + 100 = 200 \text{ kN}$

$P_2 = +120 \text{ kN}$ より　　$\therefore \quad P_1 = +80 \text{ kN}$

基本問題 2

難易度 ★★★

図は，ある建築物の水平荷重時のラーメンの応力のうち，柱の曲げモーメントを示したものである．次の（1）〜（4）の値を求めよ．

（1）はりのせん断力 Q_A, Q_B, Q_C

（2）柱のせん断力 Q_D

（3）右側の柱の軸方向圧縮力 N

（4）右側の支点の反力 V

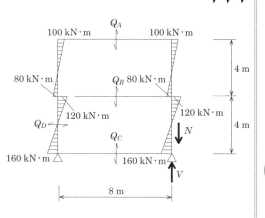

参考 ▶ [一級] H5-4

解答

（1）　はりのせん断力 Q_A, Q_B, Q_C

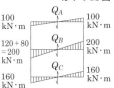

はりの M 図

はりの M 図およびはりのせん断力の式から

$Q_A = \dfrac{100+100}{8} = 25 \text{ kN}$

$Q_B = \dfrac{200+200}{8} = 50 \text{ kN}$

$Q_C = \dfrac{160+160}{8} = 40 \text{ kN}$

(2)　柱のせん断力 Q_D

$$Q_D = \frac{120 + 160}{4} = 70 \text{ kN}$$

(3)　右側の柱の軸方向圧縮力 N

$$N = Q_A + Q_B = 25 + 50$$
$$= 70 \text{ kN （圧縮）}$$

(4)　右側の支点の反力 V

$$V = Q_A + Q_B + Q_C = 25 + 50 + 40$$
$$= 115 \text{ kN}$$

ExP UP! 7

図は，ある二層構造物の各階に水平荷重が作用したときのラーメンの応力のうち，柱の曲げモーメントを示したものである．このとき，図中の①〜⑤それぞれの値として誤っているものは，次のうちどれか．

1. はりのせん断力①は，35 kN
2. はりのせん断力②は，62.5 kN
3. 柱の軸方向力③は，97.5 kN
4. 支点の反力④は，140 kN
5. 2 階床レベルの水平荷重⑤は，160 kN

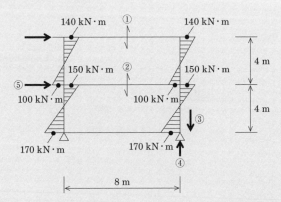

参考▶【一級】H12-3
さらに！▶演習問題 10・7

Exp Up!の解答

Exp Up! 1

柱の剛度 $K_0 = \dfrac{I}{3.5} = \dfrac{2I}{7}$

はりの剛度 $K = \dfrac{2I}{5}$

剛比 $k = \dfrac{K}{K_0} = \dfrac{2I}{5} \div \dfrac{2I}{7} = \dfrac{2I}{5} \times \dfrac{7}{2I}$

$\qquad = 1.4$

Exp Up! 2

Step-1 剛比の総和

AB 材，BC 材，BD 材ともに剛度が等しく剛比は 1 である．

ここで，点 A，点 D は固定端であり，AB 材および BD 材の有効剛比は，1である．また，点 C は自由端であるので BC 材の有効剛比は 0 である．

∴ $\Sigma k = 1 + 1 + 0 = 2$

Step-2 分配モーメント

$$M_{BA} = 2M \times \dfrac{1}{2} = M$$

$$M_{BD} = 2M \times \dfrac{1}{2} = M$$

$$M_{BC} = 2M \times \dfrac{0}{2} = 0$$

Step-3 到達モーメント

$$M_{AB} = M \times \dfrac{1}{2} = \dfrac{M}{2}$$

$$M_{DB} = M \times \dfrac{1}{2} = \dfrac{M}{2}$$

$$M_{CB} = 0$$

Step-4 M 図

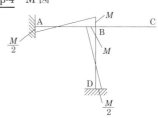

Exp Up! 3

Step-1 固定モーメント＝解放モーメント

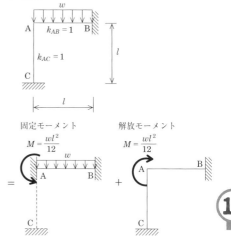

Step-2 M 図の合成

他端固定の場合の有効剛比 $k_e = k$

〈分配モーメント〉

$$M_{AB} = M_{AC} = \dfrac{wl^2}{12} \times \dfrac{1}{1+1} = \dfrac{wl^2}{24}$$

〈到達モーメント〉

$$M_{BA} = M_{CA} = \dfrac{wl^2}{24} \times \dfrac{1}{2} = \dfrac{wl^2}{48}$$

⑩章

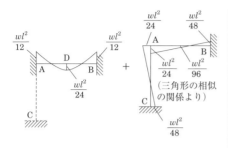

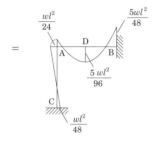

Exp Up! 4

有効剛比を求める.

$$k_{eAB} = 0.5 \times 2 = 1$$

Step-1　固定モーメント＝解放モーメント

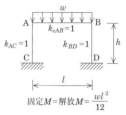

固定 M ＝解放 $M = \dfrac{wl^2}{12}$

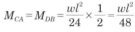

Step-2　分配モーメントの計算

$$M_{AC} = M_{AB} = \frac{wl^2}{12} \times \frac{1}{1+1} = \frac{wl^2}{24}$$

$$M_{BD} = M_{BA} = \frac{wl^2}{12} \times \frac{1}{1+1} = \frac{wl^2}{24}$$

Step-3　到達モーメントの計算

$$M_{CA} = M_{DB} = \frac{wl^2}{24} \times \frac{1}{2} = \frac{wl^2}{48}$$

Step-4　M 図の合成

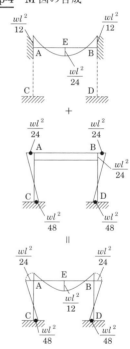

Exp Up! 5

一層の層間変位 $\delta_1 = \dfrac{P + 2P + 3P}{K_1}$

$\qquad\qquad\qquad = \dfrac{6P}{K_1}$

二層の層間変位 $\delta_2 = \dfrac{2P + 3P}{K_2} = \dfrac{5P}{K_2}$

三層の層間変位 $\delta_3 = \dfrac{3P}{K_3} = \dfrac{3P}{K_3}$

$\delta_1 = \delta_2 = \delta_3$ となるためには

$K_1 : K_2 : K_3 = 6 : 5 : 3$

Exp Up! 6

　柱頭は剛体のはりでつながっていて，それぞれの水平変位 δ は等しいので，各柱の負担せん断力 Q は，各柱の水平剛性 K に比例する．

　したがって，各柱の水平力の分担比は，それぞれの水平剛性の比となる．

　よって

$$Q_A : Q_B : Q_C = \frac{12EI}{(2h)^3} : \frac{3EI}{h^3} : \frac{12EI}{h^3}$$

$$= \frac{12EI}{8h^3} : \frac{12EI}{4h^3} : \frac{12EI}{h^3}$$

$$= \frac{1}{8} : \frac{1}{4} : 1 = 1 : 2 : 8$$

$\therefore\quad Q_A : Q_B : Q_C = 1 : 2 : 8$

Exp Up! 7

1. はりのせん断力①

はりのせん断力

$\qquad = \dfrac{M(左端) + M(右端)}{l(スパン)}$ より

$① = \dfrac{140 + 140}{8} = 35 \text{ kN}$

2. はりのせん断力②

$② = \dfrac{(150 + 100) + (150 + 100)}{8}$

$\qquad = 62.5 \text{ kN}$

3. 柱の軸方向力③

柱の軸方向力 = はりのせん断力 より

$③ = ① + ② = 35 + 62.5 = 97.5 \text{ kN}$

4. 支点の反力④

$④ = ③ + 1$ 階床レベルのはりのせん断力

$\qquad = 97.5 + \dfrac{170 + 170}{8} = 140 \text{ kN}$

5. 2 階床レベルの水平荷重⑤

1 階柱のせん断力の和

$\qquad = ⑤ + 3$ 階床レベルの水平荷重 より

$\dfrac{(150 + 170)}{4} \times 2 = ⑤ + \dfrac{(140 + 100)}{4} \times 2$

$160 = ⑤ + 120 \qquad \therefore\quad ⑤ = 40 \text{ kN}$

［答］5

チャレンジ！

リベ…

演習問題 10·1 剛度と剛比

構造力学に関する次の用語のうち，無次元量で，単位を持たないものはどれか.

［参考：二級・H14-1］

1. 断面係数　　2. ヤング係数　　3. 剛比
4. 剛度　　　　5. 加速度

演習問題 10·2 分配モーメント

図のようなラーメンの節点 A に曲げモーメント $M = 35\,\mathrm{kN \cdot m}$ が作用したときの各部材の分配モーメントを計算して M 図を描け.

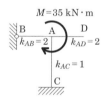

演習問題 10·3 不静定ラーメンの M 図

図のような等分布集中荷重を受けるラーメンの曲げモーメント図を描け.

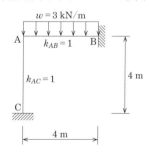

演習問題 10·4 ▷ **門型ラーメンの M 図**

図のような等分布荷重を受けるラーメンの曲げモーメント図を描け.

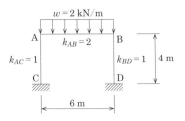

演習問題 10·5 ▷ **層間変位と水平剛性**

図のような水平力が作用する 3 階建ての建築物 A, B, C において, それぞれの「3 階の床レベル」の「1 階の床レベル」に対する水平変位を δ_A, δ_B, δ_C とした場合の大小関係を示せ. ただし, 各建築物に作用する水平力および各階の水平剛性は, 図中に示すとおりであり, また, はりは剛体とし, 柱の伸縮はないものとする.

［参考：一級・H13-4］

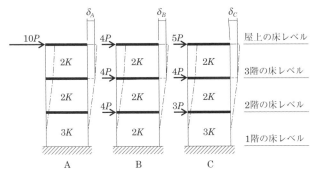

演習問題 10·6 〉 水平剛性と柱の負担せん断力

図のようなラーメンに水平力 P が作用する場合，柱 A，B，C に生じるせん断力をそれぞれ Q_A，Q_B，Q_C としたとき，それらの大小関係を大きい順に示せ．ただし，それぞれの柱は等質等断面の弾性部材とし，はりは剛体とする．

[参考：一級・H16-3]

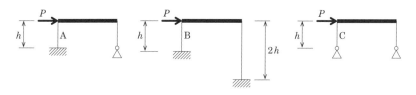

演習問題 10·7 〉 柱のせん断力と材端モーメント

図は，ある二層構造物の各階に水平荷重が作用したときのラーメンの応力のうち，柱の曲げモーメントを示したものである．このとき，図中の①～⑤それぞれの値として誤っているものは，次のうちどれか．

[参考：一級・H16-4]

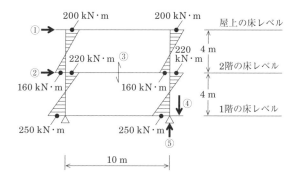

1. 屋上の床レベルに作用する水平荷重①は，180kN

2. 2階の床レベルに作用する水平荷重②は，235kN

3. はりのせん断力③は，76kN

4. 柱の軸方向力④は，116kN

5. 支点の反力⑤は，166kN

11章

崩壊機構

ラーメンなどの骨組に作用する水平力が増大すると，弾性状態にある柱やはりの各部材には，降伏現象が始まり徐々に塑性化していく．さらには塑性ヒンジが生じて全塑性状態となる．このときの崩壊荷重と全塑性モーメントについて計算する．

1 全塑性モーメント

基本問題 1

図のような断面のはり
に，一点鎖線を中立軸とす
る曲げモーメントのみが作
用している．

この断面の降伏開始曲げ
モーメントを M_y，全塑性
モーメントを M_p とすると
き，その比 $\dfrac{M_p}{M_y}$ を求めよ．

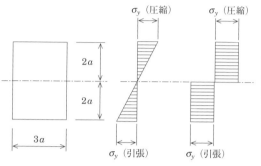

曲げモーメントが
M_y のときの断面
内の応力度分布

曲げモーメントが
M_p のときの断面
内の応力度分布

参考 ▶ [一級] H21-1

解答

降伏開始曲げモーメント M_y

降伏開始曲げモーメント M_y と縁応力度 σ_y との間
には次の関係が成り立つ．

$$\sigma_y = \frac{M_y}{Z}$$

断面係数 $Z = \dfrac{bh^2}{6} = \dfrac{3a \times (4a)^2}{6} = 8a^3$

∴ $M_y = Z \cdot \sigma_y = 8a^3 \sigma_y$

全塑性モーメント M_p

圧縮応力度の合力を C，引張応力度の合力を T と
すると

$$C = T = \sigma_y \times 2a \times 3a = 6a^2 \sigma_y$$

全塑性モーメント M_p は，応力中心間距離を j とす
ると，次式で計算される．

$$M_p = C \times j = T \times j$$

したがって，$M_p = 6a^2 \sigma_y \times 2a = 12a^3 \sigma_y$

比を求めると

∴ $\dfrac{M_p}{M_y} = \dfrac{12}{8} = 1.5$

応力度の状態

荷重を大きくして曲げモー
メントを増大させると，
(1)→(2)→(3) のように
変化していく．

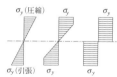

(1) 降伏　(2) 弾塑性　(3) 全塑性
　　状態　　　状態　　　状態

ここがポイント！

全塑性モーメントは，圧縮
応力度の合力 C と引張応
力度の合力 T の偶力のモー
メントである．

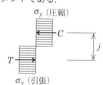

基本問題 2

難易度 ★★★

図のような断面のはりに，一点鎖線を中立軸とする曲げモーメントのみが作用している．

この断面の降伏開始曲げモーメントを M_y，全塑性モーメントを M_p とするとき，その比 M_p/M_y を求めよ．

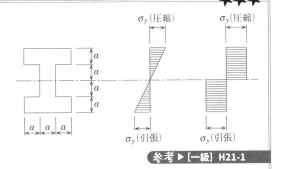

参考▶ [一級] H21-1

フランジ M_{pf}

$M_{pf} = C \times j = T \times j = (a \times 3a)\sigma_y \times 3a = 9a^3\sigma_y$

ウェブ M_{pw}

$M_{pw} = C \times j = T \times j = (a \times a)\sigma_y \times a = a^3\sigma_y$

解答

降伏開始曲げモーメント M_y

$$I = \frac{3a \times (4a)^3}{12} - 2 \times \frac{a \times (2a)^3}{12} = \frac{176a^4}{12} = \frac{44a^4}{3}$$

$$Z = \frac{44a^4}{3} \times \frac{1}{2a} = \frac{22a^3}{3} \quad \therefore \quad M_y = Z \cdot \sigma_y = \frac{22a^3}{3}\sigma_y$$

全塑性モーメント M_p

(1) フランジ $M_{pf} = 9a^3\sigma_y$　　(2) ウェブ $M_{pw} = a^3\sigma_y$

(3) 合計 $M_p = M_{pf} + M_{pw} = 9a^3\sigma_y + a^3\sigma_y = 10a^3\sigma_y$

比

$$\frac{M_p}{M_y} = 10a^3\sigma_y \div \frac{22a^3}{3}\sigma_y = \frac{30a^3\sigma_y}{22a^3\sigma_y}$$

$$\therefore \quad \frac{M_p}{M_y} = \frac{15}{11}$$

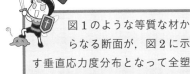

EXP UP! 1

図1のような等質な材からなる断面が，図2に示す垂直応力度分布となって全塑性状態に達している．このとき，断面に作用する圧縮軸力 N と曲げモーメント M を求めよ．

ただし，降伏応力度は σ_y とする．

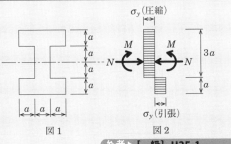

図1　　　図2

参考▶ [一級] H25-1

さらに!▶ 演習問題 11・1

11章

2 はりの崩壊荷重

基本問題 1

難易度 ★★★

図1のような荷重を受けるはりにおいて，荷重 P を増大させたとき，そのはりは図2のような崩壊機構を示した．はりの崩壊荷重 P_u を求めよ．

ただし，はりの全塑性モーメントを M_p とする．

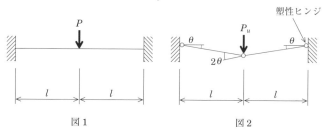

図1

図2

仮想仕事の原理

$W_{外力} = W_{内力}$（外力による仮想仕事の和 $\Sigma P \cdot \delta$ と内力による仮想仕事の和 $\Sigma M_p \cdot \theta$ は等しい）

$$\therefore \quad \Sigma P \cdot \delta = \Sigma M_p \cdot \theta$$

解答

（1）外力による仕事

$\Sigma P \cdot \delta = P_u \times l\theta = P_u l\theta$

（2）内力による仕事

$\Sigma M_p \cdot \theta = M_p \times \theta \times 2 + M_p \times 2\theta = 4M_p\theta$

（3）$\Sigma P \cdot \delta = \Sigma M_p \cdot \theta$ より

$P_u l\theta = 4M_p\theta$

$$\therefore \quad 崩壊荷重 \ P_u = \frac{4M_p}{l}$$

塑性ヒンジとは

塑性ヒンジは，ある断面が全塑性モーメントに達して回転自由なピンの状態になった部分をいう．応力は一定で塑性ヒンジだけが回転する．

ここに注意！

$\delta = l\tan\theta$

θ が小さいとき

$\therefore \quad \delta \fallingdotseq l \cdot \theta$

基本問題2

　図1のようなはりに作用する荷重を増大させたとき，そのはりは図2のような崩壊メカニズムを示した．はりの崩壊荷重 P_u を求めよ．

　ただし，はりの全塑性モーメントを M_p とする．

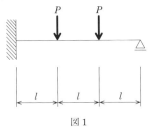

図1

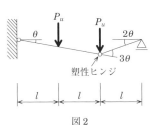

図2

参考▶[一級] S63-3

必ず覚える！

外力による仕事 $W_{外力}$
$= \Sigma P \cdot \delta$
（崩壊荷重）×（変位）の合計
‖
内力による仕事 $W_{内力}$
$= \Sigma M_p \cdot \theta$
（全塑性モーメント）×（回転角）の合計

解答

（1）外力による仕事

$\Sigma P \cdot \delta = P_u \times l\theta + P_u \times 2l\theta = 3P_u l\theta$

（2）内力による仕事

$\Sigma M_p \cdot \theta = M_p \times \theta + M_p \times 3\theta = 4M_p\theta$

（3）$\Sigma P \cdot \delta = \Sigma M_p \cdot \theta$ より

$3P_u l\theta = 4M_p\theta$

∴　崩壊荷重 $P_u = \dfrac{4M_p}{3l}$

EXP UP! 2

11章

　図1のような荷重を受けるはりにおいて，荷重 P を増大させたとき，そのはりは図2のような崩壊機構を示した．はりの崩壊荷重 P_u を求めよ．ただし，はりの全塑性モーメントを M_p とする．

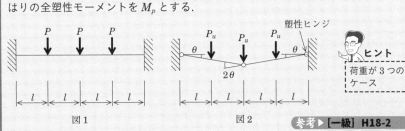

ヒント

荷重が3つのケース

図1

図2

参考▶[一級] H18-2

さらに！▶演習問題 11・2

3 ラーメンの崩壊荷重

難易度 ★★★

図1のラーメンに作用する荷重 P を増大させたとき，そのラーメンは図2のような崩壊機構を示した．ラーメンの崩壊荷重 P_u の値を求めよ．ただし，AB 材，BC 材，CD 材の全塑性モーメントの値を，それぞれ $3M_p$, $2M_p$, M_p とする．

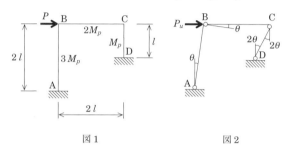

図1　　　　　　　　図2

参考 ▶ [一級] H1-4

解答

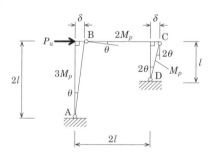

(1) 外力による仕事

$\delta = 2l\theta$ より

$\sum P \cdot \delta = P_u \times 2l\theta = 2P_u l\theta$

(2) 内力による仕事

$\sum M_p \cdot \theta = 3M_p \times \theta + 2M_p \times \theta + M_p \times 2\theta + M_p \times 2\theta$

$\qquad = 9M_p\theta$

(3) $\sum P \cdot \delta = \sum M_p \cdot \theta$ より

$2P_u l\theta = 9M_p\theta$

∴　崩壊荷重 $P_u = \dfrac{9M_p\theta}{2l\theta} = \dfrac{9M_p}{2l}$

崩壊機構

塑性ヒンジが各点にできて，応力が増えずに，変形のみ増大していく状態を崩壊機構が形成されたという．

ここに注意！

$\delta = l\tan\theta$

θ が小さいとき

∴　$\delta \fallingdotseq l \cdot \theta$

212

基本問題 2

難易度 ★★★

図1のような水平荷重を受けるラーメンにおいて，P を増大させたとき，そのラーメンは図2のような崩壊機構を示した．ラーメンの崩壊荷重 P_u の値を求めよ．ただし，柱，はりの全塑性モーメントの値を，それぞれ 400 kN·m，200 kN·m とする．

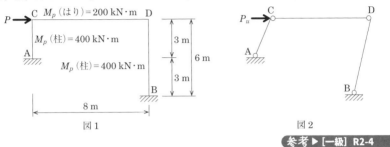

図1　　　　　　　　　　　　　　　　図2

参考▶[一級] R2-4

解答

ここがポイント！

外力による仕事（外力の数だけ計算する）
＝内力による仕事（塑性ヒンジの数だけ計算する）

点 A における塑性ヒンジの回転角を θ とすると，

点 C における水平変位 $\delta_C = 3\theta$

点 B における塑性ヒンジの回転角を θ' とすると，

点 D における水平変位 $\delta_D = 6\theta$

$\delta_A = \delta_D$ より，$3\theta = 6\theta'$

$$\therefore \quad \theta' = \frac{1}{2}\theta$$

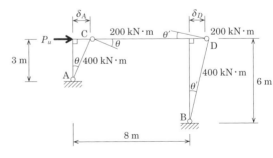

（1）外力による仮想仕事の和

$\Sigma P \cdot \delta = P_u \times 3\theta = 3P_u\theta$

（2）内力による仮想仕事の和 W

$\Sigma M_p \cdot \theta = 400 \times \theta + 200 \times \theta + 200 \times \dfrac{1}{2}\theta + 400 \times \dfrac{1}{2}\theta$

$\qquad\qquad = 900\theta$

（3）$\Sigma P \cdot \delta = \Sigma M_p \cdot \theta$ より

$3P_u\theta = 900\theta$

∴　崩壊荷重 $P_u = 300\,\mathrm{kN}$

EXP UP! 3

図1のような鉛直荷重 200 kN，水平荷重 P を受けるラーメンにおいて，水平荷重 P を増大させたとき，そのラーメンは，図2のような崩壊機構を示した．ラーメンの崩壊荷重 P_u の値を求めよ．ただし，柱，はりの全塑性モーメント M_p の値をそれぞれ 600 kN·m，400 kN·m とする．

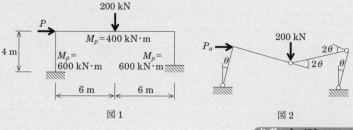

図1　　　　　　　　　　　　　　図2

参考 ▶【一級】H12-4
さらに！▶ 演習問題 11·3

Exp Up! 1

　応力度分布から，フランジ部分の圧縮
合力 C と引張合力 T が曲げモーメント
M に，ウェブ部分の合力が圧縮軸力 N
になると考える．

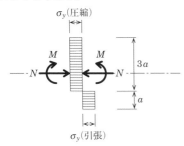

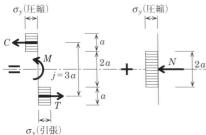

（1）圧縮軸力

$$N = a \times 2a \times \sigma_y = 2a^2\sigma_y$$

（2）曲げモーメント

$$M = C \times j = T \times j$$
$$= (a \times 3a)\sigma_y \times 3a$$
$$= 9a^3\sigma_y$$

Exp Up! 2

<u>Step-1</u>　外力による仕事

$$\Sigma P \cdot \delta = P_u \times l\theta \times 2 + P_u \times 2l\theta = 4P_u l\theta$$

<u>Step-2</u>　内力による仕事

$$\Sigma M_p \cdot \theta = M_p \times \theta \times 2 + M_p \times 2\theta = 4M_p\theta$$

<u>Step-3</u>　$\Sigma P \cdot \delta = \Sigma M_p \cdot \theta$ より

$$4P_u l\theta = 4M_p\theta$$

　∴　崩壊荷重 $P_u = \dfrac{M_p}{l}$

Exp Up! 3

<u>Step-1</u>　外力による仕事

$$\Sigma P \cdot \delta = P_u \times 4\theta + 200 \times 6\theta$$
$$= (4P_u + 1\,200)\theta$$

<u>Step-2</u>　内力による仕事

$$\Sigma M_p \cdot \theta$$
$$= 600 \times \theta + 400 \times 2\theta + 400 \times 2\theta$$
$$+ 600 \times \theta$$
$$= 2\,800\,\theta$$

<u>Step-3</u>　$\Sigma P \cdot \delta = \Sigma M_p \cdot \theta$ より

$$(4P_u + 1\,200)\theta = 2\,800\theta$$
$$4P_u + 1\,200 = 2\,800$$

　∴　崩壊荷重 $P_u = 400$ kN

演習問題

演習問題 11·1 〉 全塑性モーメント

　図1のような矩形断面材に作用する荷重 P を増大させ，材の脚部 a-a 断面の最外縁における応力度が降伏応力度 σ_y に達するときの荷重を P_y，さらに荷重を増大させ，a-a 断面に作用する曲げモーメントが全塑性モーメントに達するときの荷重を P_u とするとき，P_y と P_u の値を求めよ．ただし，a-a 断面における応力度分布は，図2のとおりとする．

[参考：一級・H2-1]

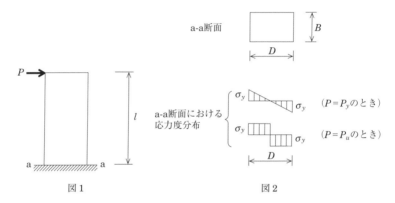

図1　　　　　　　　　　図2

演習問題 11·2 〉 はりの崩壊荷重

　図のようなはり（A），（B），（C）における崩壊荷重 P_u の比を求めよ．ただし，はりの全塑性モーメントの値は M_p とし，崩壊荷重は図1のように示されるものとする．

[参考：一級・H15-3]

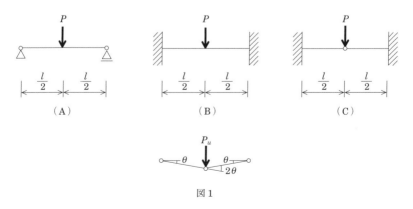

図1

演習問題 11・3 〉 ラーメンの崩壊荷重

　図1のようなラーメンに作用する荷重 P を増大させたとき，そのラーメンは図2のような崩壊機構を示した．ラーメンの崩壊荷重 P_u を計算せよ．ただし，柱，はりの全塑性モーメントをそれぞれ $3M_p$，$2M_p$ とする．　　　　［参考：一級・H20-4］

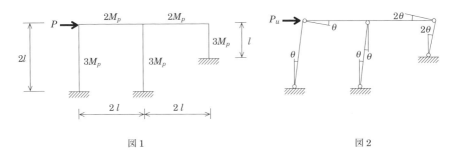

図 1　　　　　　　　　　　　　　　図 2

固有周期

ゆれの往復にかかる時間を周期という．建築物には，重量や剛性によって，それぞれの固有周期がある．この固有周期と地震のゆれの周期が一致すると，建築物のゆれが増幅され共振現象が起こる．本章では，この固有周期について学ぶ．

1 固有周期（振り子モデル）

基本問題 1

図のような頂部に集中質量を持つ棒（A），（B），（C）の固有周期 T_A，T_B，T_C の大小関係を小さいほうから示せ．ただし，3本の棒はすべて等質等断面とし，曲げ変形だけが生じるものとする．また，棒の質量も無視する．

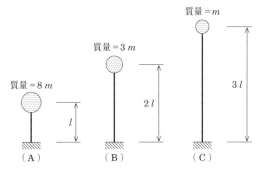

質量 = $8m$ （A） l

質量 = $3m$ （B） $2l$

質量 = m （C） $3l$

解答

固有周期 $T = 2\pi\sqrt{\dfrac{M}{K}}$ 〔秒〕

バネ定数 $K = \dfrac{3EI}{L^3}$

したがって，$T = 2\pi\sqrt{\dfrac{M}{K}} = 2\pi\sqrt{\dfrac{ML^3}{3EI}}$

$T_A = 2\pi\sqrt{\dfrac{8ml^3}{3EI}}$

$T_B = 2\pi\sqrt{\dfrac{3m \times (2l)^3}{3EI}} = 2\pi\sqrt{\dfrac{24ml^3}{3EI}}$

$T_C = 2\pi\sqrt{\dfrac{m \times (3l)^3}{3EI}} = 2\pi\sqrt{\dfrac{27ml^3}{3EI}}$

$\therefore \quad T_A < T_B < T_C$

固有周期
1質点系の振り子モデルの固有周期 T
$T = 2\pi\sqrt{\dfrac{M}{K}}$ 〔秒〕
M：質量
K：バネ定数

バネ定数
1質点系の振り子モデルのバネ定数 K
$K = \dfrac{3EI}{L^3}$
L：棒の長さ
E：ヤング係数
I：断面二次モーメント

基本問題 2

難易度 ★☆☆

図のような集中質量 M が，長さ L，ヤング係数 E，断面二次モーメント I の棒で支えられているとき，その固有周期 T は，M, L, E, I の関数として表されるが，次の記述において，（　）内の適当なものを選択せよ。

(1) M が大きくなると，T は（大きくなる，小さくなる）
(2) L が大きくなると，T は（大きくなる，小さくなる）
(3) E が大きくなると，T は（大きくなる，小さくなる）
(4) I が大きくなると，T は（大きくなる，小さくなる）

参考 ▶ [一級] S45

これが基本！

質点

L

頂部に水平力を加えて，質点が1往復にかかる時間を周期といい，振り子の質量やバネの強さによって決まる振り子固有のもので，これを固有周期という。

解答

$$T = 2\pi\sqrt{\dfrac{ML^3}{3EI}}$$ より

(1) M が大きくなると，T は大きくなる．
(2) L が大きくなると，T は大きくなる．
(3) E が大きくなると，T は小さくなる．
(4) I が大きくなると，T は小さくなる．

EXP UP! 1

図のような頂部に集中質量を持つ (A)，(B)，(C) の固有周期 T_A, T_B, T_C の大小関係を大きいほうから示せ．ただし，棒の質量は無視するものとする。

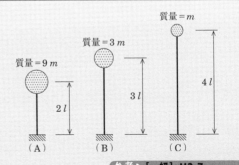

参考 ▶ [一級] H3-7
さらに！ ▶ 演習問題 12・1

2 固有周期（ラーメン）

基本問題 1

図のようなラーメン（A），（B）の固有周期をそれぞれ T_A, T_B としたとき，それらの比 $T_A : T_B$ の値を求めよ．ただし，すべてのはりは剛体とし，すべての柱は等質等断面とする．

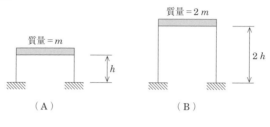

質量 $= 2m$

質量 $= m$

$2h$

h

（A）　　　　　　　　（B）

解答

固有周期 $T = 2\pi\sqrt{\dfrac{M}{K}}$ 〔秒〕

両端固定の場合のバネ定数は，$K = \dfrac{12EI}{L^3}$ であるが，

柱が2本あるので，2倍して，$K = \dfrac{24EI}{L^3}$ とする．

したがって　$T = 2\pi\sqrt{\dfrac{M}{K}} = 2\pi\sqrt{\dfrac{ML^3}{24EI}}$

$T_A = 2\pi\sqrt{\dfrac{mh^3}{24EI}}$

$T_B = 2\pi\sqrt{\dfrac{2m \times (2h)^3}{24EI}} = 2\pi\sqrt{\dfrac{16mh^3}{24EI}}$

$\therefore\quad T_A : T_B = 1 : \sqrt{16} = 1 : 4$

固有周期
固有周期 $T = 2\pi\sqrt{\dfrac{M}{K}}$ 〔秒〕
M：質量
K：バネ定数

バネ定数
両端固定の場合のバネ定数
K
$K = \dfrac{12EI}{L^3}$
L：棒の長さ
E：ヤング係数
I：断面二次モーメント

これが基本！
バネ定数 K は，水平方向に一定の変位を生じさせるのに必要な水平力と考えると，端部の固定度が高いほど大きい値となる．

固定

固定

L

基本問題2

難易度 ★★☆

図のようなラーメン架構（A），（B），（C）の水平方向の固有周期をそれぞれ T_A, T_B, T_C としたとき，それらの大小関係を大きいほうから示せ．ただし，柱の曲げ剛性はそれぞれ EI, $2EI$, $3EI$ とし，はりは剛体とする．

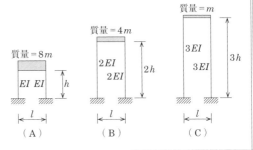

参考▶[一級] H26-7

解答

ここがポイント！

ラーメンの場合，柱が2本あるので，バネ定数は2倍にして考える．

$$T_A = 2\pi\sqrt{\frac{ML^3}{24EI}} = 2\pi\sqrt{\frac{8mh^3}{24EI}}$$

$$T_B = 2\pi\sqrt{\frac{ML^3}{24EI}} = 2\pi\sqrt{\frac{4m(2h)^3}{24(2EI)}} = 2\pi\sqrt{\frac{16mh^3}{24EI}}$$

$$T_C = 2\pi\sqrt{\frac{ML^3}{24EI}} = 2\pi\sqrt{\frac{m(3h)^3}{24(3EI)}} = 2\pi\sqrt{\frac{9mh^3}{24EI}}$$

$$\therefore \quad T_B > T_C > T_A$$

EXP UP! 2

図のようなラーメン（A），（B），（C）の固有周期をそれぞれ T_A, T_B, T_C としたとき，大小関係を大きいほうから示せ．ただし，すべてのはりは剛体とし，また，すべての柱は等質等断面とする．

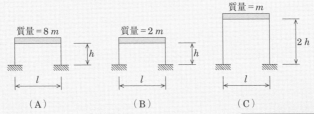

参考▶[一級] H8-7

さらに！▶演習問題12・2

12章

基本問題 1

次の応答スペクトルに関する記述において，（　　）内の適当なものを選択せよ．

地震動が入力された場合，固有周期が長くなると，応答スペクトルは，それぞれ次のように変化する．

（1）変位応答スペクトルは，（大きくなる，小さくなる，あまり変わらない）

（2）速度応答スペクトルは，（大きくなる，小さくなる，あまり変わらない）

（3）加速度応答スペクトルは，（大きくなる，小さくなる，あまり変わらない）

解答

地震動が入力された場合，建築物のゆれ（振動）を応答といい，固有周期別に表したものを応答スペクトルという．

（1）変位応答スペクトル

固有周期にほぼ比例して変位応答スペクトルは大きくなる．

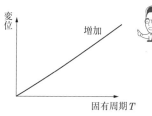

（2）速度応答スペクトル

固有周期が長くなると速度応答スペクトルはほぼ一定で，あまり変わらない．

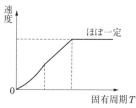

（3）加速度応答スペクトル

固有周期が長くなると，加速度応答スペクトルは減少していく．

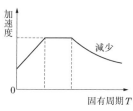

これが基本！

応答スペクトルには，変位応答スペクトル，速度応答スペクトル，加速度応答スペクトルがある．

ここがポイント！

地震力による棒に生じる応答せん断力は，次式で表される．

応答せん断力 Q（地震力）＝質量 m ×応答加速度 a

これで納得！

加速度応答スペクトルの図から，固有周期が長くなるほど，応答加速度が小さくなり，応答せん断力が小さくなる．固有周期が長い建物は地震に対して有利となることがわかる．

［答］

(1) 変位応答スペクトルは，大きくなる．

(2) 速度応答スペクトルは，あまり変わらない．

(3) 加速度応答スペクトルは，小さくなる．

基本問題2

難易度 ★★☆

図1のような頂部に質量 m または $2m$ を持ち，剛性が K または $2K$ の棒(A)，(B)，(C) における固有周期はそれぞれ T_A, T_B, T_C である．それぞれの棒の脚部に図2に示す加速度応答スペクトルを持つ地震動が入力されたとき，棒に生じる最大応答せん断力が Q_A, Q_B, Q_C となった．Q_A, Q_B, Q_C の大小関係を小さいほうから示せ．ただし，T_A, T_B, T_C は図2の T_1, T_2, T_3 のいずれかに対応し，応答は水平方向であり，弾性範囲内とする．

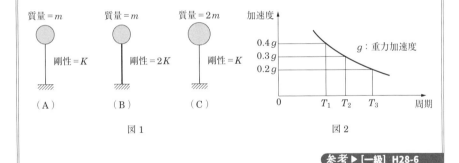

質量 $=m$ 　　質量 $=m$ 　　質量 $=2m$

剛性 $=K$ 　　剛性 $=2K$ 　　剛性 $=K$

（A）　　　　（B）　　　　（C）

図1

加速度

0.4 g
0.3 g
0.2 g

g：重力加速度

0 　　T_1 　T_2 　　T_3 　　周期

図2

参考▶[一級] H28-6

解答

ここがポイント！

T_A, T_B, T_C の大小関係を求めて，図2の T_1, T_2, T_3 のいずれかに対応させる．

固有周期 $T = 2\pi\sqrt{\dfrac{M}{2K}}$ より

$$T_A = 2\pi\sqrt{\dfrac{m}{K}}, \quad T_B = 2\pi\sqrt{\dfrac{m}{2K}}, \quad T_C = 2\pi\sqrt{\dfrac{2m}{K}}$$

よって，$T_B < T_A < T_C$ の大小関係となる．

図2において，$T_1 < T_2 < T_3$ であることから，

$T_1 = T_B$, $T_2 = T_A$, $T_3 = T_C$ と判断することができる．

12章

応答せん断力 $Q =$ 質量 $m \times$ 応答加速度 a より

$Q_A = m \times 0.3 \, g = 0.3 \, mg$

$Q_B = m \times 0.4 \, g = 0.4 \, mg$

$Q_C = 2m \times 0.2 \, g = 0.4 \, mg$

よって，棒に生じる最大応答せん断力の大小関係は

$\therefore \quad Q_A < Q_B = Q_C$

加速度応答スペクトル
固有周期が長くなると，加速度応答スペクトルは減少していく．

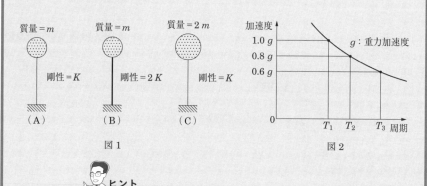

図1のような頂部に集中質量を持つ棒（A），（B），（C）における固有周期をそれぞれ T_A, T_B, T_C とする場合において，それぞれの棒の脚部に図2のような加速度応答スペクトルを持つ地震動が入力されたとき，棒に生じる応答せん断力が Q_A, Q_B, Q_C となった．Q_A, Q_B, Q_C の大小関係を大きいほうから示せ．

ただし，T_A, T_B, T_C は図2の T_1, T_2, T_3 のいずれかに対応し，応答は水平方向であり，弾性範囲内とする．

質量 $= m$　　質量 $= m$　　質量 $= 2\,m$

剛性 $= K$　　剛性 $= 2\,K$　　剛性 $= K$

（A）　　（B）　　（C）

図1

加速度

$1.0 \, g$

$0.8 \, g$

$0.6 \, g$

g：重力加速度

0　　　T_1　T_2　　T_3　周期

図2

ヒント

T_A, T_B, T_C の大小関係から，図2の T_1, T_2, T_3 のいずれかに対応させる．

参考▶[一級] H13-7

さらに！▶演習問題 12・3

Exp Up! の解答

Exp Up! 1

固有周期 $T = 2\pi\sqrt{\dfrac{M}{K}}$

バネ定数 $K = \dfrac{3EI}{L^3}$ より

$T = 2\pi\sqrt{\dfrac{M}{K}} = 2\pi\sqrt{\dfrac{ML^3}{3EI}}$

$T_A = 2\pi\sqrt{\dfrac{9m \times (2l)^3}{3EI}} = 2\pi\sqrt{\dfrac{72ml^3}{3EI}}$

$T_B = 2\pi\sqrt{\dfrac{3m \times (3l)^3}{3EI}} = 2\pi\sqrt{\dfrac{81ml^3}{3EI}}$

$T_C = 2\pi\sqrt{\dfrac{m \times (4l)^3}{3EI}} = 2\pi\sqrt{\dfrac{64ml^3}{3EI}}$

$\therefore\quad T_B > T_A > T_C$

Exp Up! 2

固有周期 $T = 2\pi\sqrt{\dfrac{M}{K}}$

両端固定の場合のバネ定数は,

$K = \dfrac{12EI}{L^3}$ であるが, 柱が2本あるので,

2倍して, $K = \dfrac{24EI}{L^3}$ とする.

したがって, $T = 2\pi\sqrt{\dfrac{M}{K}} = 2\pi\sqrt{\dfrac{ML^3}{24EI}}$

$T_A = 2\pi\sqrt{\dfrac{8m \times h^3}{24EI}} = 2\pi\sqrt{\dfrac{8mh^3}{24EI}}$

$T_B = 2\pi\sqrt{\dfrac{2m \times h^3}{24EI}} = 2\pi\sqrt{\dfrac{2mh^3}{24EI}}$

$T_C = 2\pi\sqrt{\dfrac{m \times (2h)^3}{24EI}} = 2\pi\sqrt{\dfrac{8mh^3}{24EI}}$

$\therefore\quad T_A = T_C > T_B$

Exp Up! 3

固有周期 $T = 2\pi\sqrt{\dfrac{M}{K}}$ より

$T_A = 2\pi\sqrt{\dfrac{m}{K}}, \quad T_B = 2\pi\sqrt{\dfrac{m}{2K}},$

$T_C = 2\pi\sqrt{\dfrac{2m}{K}}$

これより, $T_B < T_A < T_C$ の大小関係となり, 図2より

$T_A = T_2 \quad (a_A = 0.8\,g)$

$T_B = T_1 \quad (a_B = 1.0\,g)$

$T_C = T_3 \quad (a_C = 0.6\,g)$

したがって

応答せん断力 $Q = $ 質量 $m \times$ 応答加速度 a より

$Q_A = m \times 0.8\,g = 0.8\,mg$

$Q_B = m \times 1.0\,g = 1.0\,mg$

$Q_C = 2m \times 0.6\,g = 1.2\,mg$

$\therefore\quad Q_C > Q_B > Q_A$

12章

演習問題

演習問題 12·1 固有周期（振り子モデル）

　図のような頂部に集中荷重を持つ丸棒（A），（B），（C）における固有周期 T_A, T_B, T_C の大小関係を大きいほうから示せ．ただし，3 本の棒はすべて等質とし，棒の質量は無視する．なお，棒のバネ定数は $\dfrac{3EI}{L^3}$（L：棒の長さ，E：ヤング係数，I：断面二次モーメント）である．

[参考：一級・H19-7]

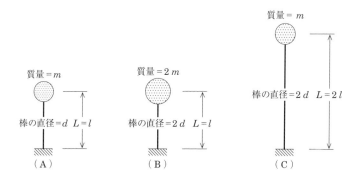

演習問題 12·2 固有周期（ラーメン）

　図のようなラーメン（A），（B），（C）の固有周期をそれぞれ T_A, T_B, T_C としたとき，大小関係を大きいほうから示せ．ただし，すべてのはりは剛体とし，また，すべての柱は等質等断面とする．

[参考：一級・H2-8]

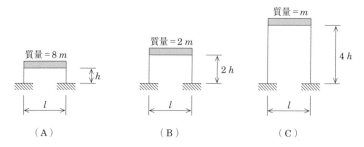

演習問題 12·3 ▶ 応答スペクトル

　図1のような頂部に集中質量を持つ棒（A），（B），（C）における固有周期を
それぞれ T_A, T_B, T_C とする場合において，それぞれの棒の脚部に図2のような
加速度応答スペクトルを持つ地震動が入力されたとき，棒に生じる応答せん断力
が Q_A, Q_B, Q_C となった．Q_A, Q_B, Q_C の大小関係を大きいほうから示せ．ただ
し，T_A, T_B, T_C は図2の T_1, T_2 との間の値をとり，応答は水平方向であり，
弾性範囲内とする．

［参考：一級・H16-7］

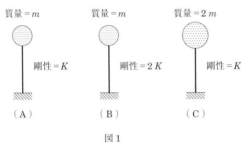

図 1

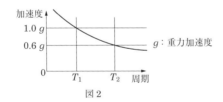

図 2

チャレンジ！ 演習問題 【解答】

1章　力の計算とつりあい

1・1 解答

まず，点 O から力 4 kN までの距離 l を求める．隣に基本三角形の三角比を描いて比較する．

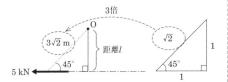

斜辺が 3 倍の関係になっているので，対応する辺を 3 倍して

$$l = 1 \times 3 = 3 \text{ m}$$

よって，点 O に対する力のモーメントを M_O とすると，右回りなので（＋）を付けて

$$M_O = +5 \times 3 = +15 \text{ kN·m}$$

1・2 解答

P_1 と P_2 は点 O を通過していてモーメントを発生させていない．P_3 によるモーメントは左回りなので（－）を付けて

$$M_O = -10 \times 3 = -30 \text{ kN·m}$$

1・3 解答

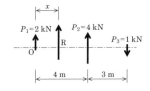

合力 R の大きさは，上向きに，$R = 2 + 4 - 1 = 5 \text{ kN}$

点 O からの距離 x は，バリニオンの定理より求めるが，合力と反対向きの力には（－）を付ける．

$$5 \times x = 4 \times 4 - 1 \times 7 \qquad 5x = 9$$
$$\therefore \quad x = 1.8 \text{ m}$$

1・4 解答

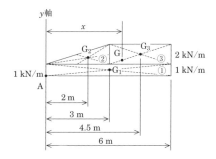

図形を①＋②＋③に分けて考える．荷重の合計は台形の面積となる．

① $1 \text{ kN/m} \times 6 \text{ m} = 6 \text{ kN}$

② $2 \text{ kN/m} \times 3 \text{ m} \times \dfrac{1}{2} = 3 \text{ kN}$

③ $2 \text{ kN/m} \times 3 \text{ m} = 6 \text{ kN}$

合計 $R = ① + ② + ③ = 15 \text{ kN}$

点 A からの距離 x は，バリニオンの定理より，

$$15 \times x = 6 \times 3 + 3 \times 2 + 6 \times 4.5$$
$$15x = 51 \qquad \therefore \quad x = 3.4 \text{ m}$$

1・5 解答

隣に 3：4：5：の直角三角形を描いて，比較する．

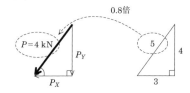

斜辺が 0.8 倍の関係になっているので，他の辺も 0.8 倍して，

$P_X = 3 \times 0.8 = +2.4$ kN

$P_Y = 4 \times 0.8 = +3.2$ kN

1・6 解答

P_2 だけ求めればよいので，P_3 と P_4 の交点を中心としてモーメントのつりあいをとる．

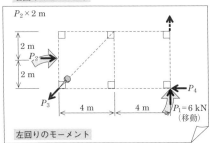

右回りのモーメント

$P_2 \times 2$ m

2 m

P_2

2 m

P_3

4 m　4 m

P_4

$P_1 = 6$ kN
（移動）

左回りのモーメント

6 kN×8 m

Step-3　モーメントのつりあい

（右回りのモーメント）=（左回り）より，

$P_2 \times 2 = 6 \times 8$

$2 P_2 = 48$　∴　$P_2 = +24$ kN

1・7 解答

図のように P_A を上向き，P_B を下向きに仮定して，力のつりあい方程式で考える．

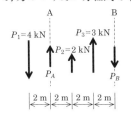

A　　　　B

$P_1 = 4$ kN　　$P_3 = 3$ kN

$P_2 = 2$ kN

P_A　　　P_B

2 m｜2 m｜2 m｜2 m

（ⅰ）水平方向の力のつりあい

Σ右向きの力＝Σ左向きの力

水平方向の力はなし

（ⅱ）鉛直方向の力のつりあい

Σ上向きの力＝Σ下向きの力

$P_A + 2 + 3 = P_B + 4$

∴　$P_A + 1 = P_B$　… ①

（ⅲ）モーメントのつりあい

Σ右回りのモーメント
　=Σ左回りのモーメント

点 C を中心に考える（画鋲）．

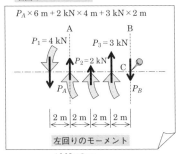

右回りのモーメント

$P_A \times 6$ m + 2 kN×4 m + 3 kN×2 m

A　　　　B

$P_1 = 4$ kN　　$P_3 = 3$ kN

$P_2 = 2$ kN　　C

P_A　　　P_B

2 m｜2 m｜2 m｜2 m

左回りのモーメント

4 kN×8 m

$P_A \times 6 + 2 \times 4 + 3 \times 2 = 4 \times 8$

$6 P_A = 18$　∴　$P_A = +3$ kN

式①より　　$P_B = +4$ kN

1・8 解答

偶力のモーメント $M = P \times l$ で求める．右回りなので符号は（＋）となる．

$M_A = M_B = M_C = +50$ kN×3 m

　　　　= $+150$ kN·m

解答

2章 反力の計算

2・1 解答

〈力のつりあい方程式〉

<u>Step-1</u> 水平方向のつりあい

∴ $H_A = 0$

<u>Step-2</u> 鉛直方向のつりあい

$V_A + V_B = 5 + 5$

∴ $V_A + V_B = 10 \cdots$ ①

<u>Step-3</u> モーメントのつりあい

支点 B を中心に考える（画鋲）.

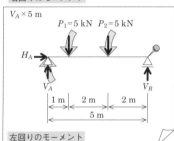

右回りのモーメント
$V_A \times 5$ m
$P_1 = 5$ kN　$P_2 = 5$ kN
H_A　V_A　V_B
1 m　2 m　2 m
5 m
左回りのモーメント

5 kN × 4 m + 5 kN × 2 m

$V_A \times 5 = 5 \times 4 + 5 \times 2$　　$5 V_A = 30$

∴ $V_A = +6$ kN

式①より　　∴ $V_B = +4$ kN

［答］$H_A = 0$,　$V_A = +6$ kN,　$V_B = +4$ kN

2・2 解答

〈力のつりあい方程式〉

<u>Step-1</u> 水平方向のつりあい

∴ $H_A = 0$

<u>Step-2</u> 鉛直方向のつりあい

$V_A + 4 + V_B = 4 + 4$

∴ $V_A + V_B = 4 \cdots$ ①

<u>Step-3</u> モーメントのつりあい

支点 B をモーメントの中心に考える
（画鋲）.

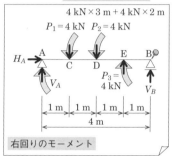

左回りのモーメント
4 kN × 3 m + 4 kN × 2 m
$P_1 = 4$ kN　$P_2 = 4$ kN
H_A　A　C　D　E　B
$P_3 = 4$ kN
V_A　V_B
1 m　1 m　1 m　1 m
4 m
右回りのモーメント

$V_A \times 4$ m + 4 kN × 1 m

$V_A \times 4 + 4 \times 1 = 4 \times 3 + 4 \times 2$

$4V_A = 16$　　∴ $V_A = +4$ kN

式①より　　∴ $V_B = 0$

［答］$H_A = 0$,　$V_A = +4$ kN,　$V_B = 0$

2・3 解答

斜めに作用する荷重は，水平方向の荷重 P_X と鉛直方向の荷重 P_Y に分解して考える.

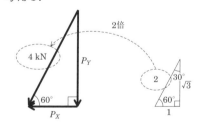

2倍
4 kN　P_Y
2
30°
√3
60°
P_X
60°
1

隣に30°，60°の直角三角形の三角比を描いて比較する. 斜辺が2倍の関係になっているので，対応する辺を2倍して

∴ $P_X = 1 \times 2 = 2$ kN

∴ $P_Y = \sqrt{3} \times 2 = 2\sqrt{3}$ kN

〈力のつりあい方程式〉

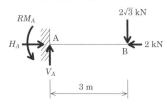

Step-1　水平方向のつりあい
　∴　$H_A = +2$ kN
Step-2　鉛直方向のつりあい
　∴　$V_A = +2\sqrt{3}$ kN
Step-3　モーメントのつりあい

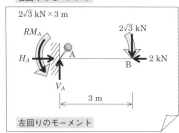

支点Aを中心に考える（画鋲）.
$2\sqrt{3} \times 3 = RM_A$
　∴　$RM_A = +6\sqrt{3}$ kN·m
［答］$H_A = +2$ kN, $V_A = +2\sqrt{3}$ kN
　　　$RM_A = +6\sqrt{3}$ kN·m

2·4 解答

等分布荷重の合計 $P = 3$ kN/m $\times 2$ m
　　　　　　　　　　$= 6$ kN
これを分布範囲の中央Dに集中荷重
として作用させる.

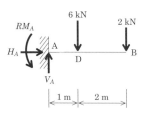

〈力のつりあい方程式〉
Step-1　水平方向のつりあい
　∴　$H_A = 0$
Step-2　鉛直方向のつりあい
　$V_A = 6 + 2$　∴　$V_A = +8$kN
Step-3　モーメントのつりあい

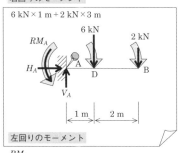

支点Aを中心に考える（画鋲）.
$6 \times 1 + 2 \times 3 = RM_A$
　∴　$RM_A = +12$ kN·m
［答］$H_A = 0$, $V_A = +8$ kN,
　　　$RM_A = +12$ kN·m

2·5 解答

斜めに作用する荷重は，水平方向の荷
重 P_X と鉛直方向の荷重 P_Y に分解する.

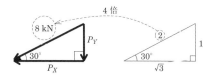

隣に，30°，60°の直角三角形の三角比を描いて比較する．斜辺が4倍の関係になっているので，対応する辺を4倍して，

$$P_X = \sqrt{3} \times 4 = 4\sqrt{3} \text{ kN}$$

$$P_Y = 1 \times 4 = 4 \text{ kN}$$

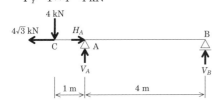

〈力のつりあい方程式〉

Step-1　水平方向のつりあい

　∴　$H_A = +4\sqrt{3}$ kN

Step-2　鉛直方向のつりあい

　∴　$V_A + V_B = 4$ … ①

Step-3　モーメントのつりあい

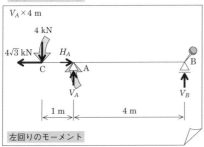

右回りのモーメント

$V_A \times 4$ m

左回りのモーメント

4 kN × 5 m

支点Bを中心に考える（画鋲）．

$$V_A \times 4 = 4 \times 5 \qquad 4V_A = 20$$

　∴　$V_A = +5$ kN

式①より　　∴　$V_B = -1$ kN（上向きに仮定したが実際は下向き）．

［答］$H_A = +4\sqrt{3}$ kN，$V_A = +5$ kN，

　　　$V_B = -1$ kN（下向きに +1 kN）

2·6 解答

この問題の等変分布荷重の合力と作用点までの距離は，演習問題1·4で求めたので利用する．

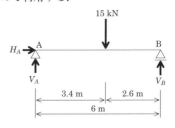

〈力のつりあい方程式〉

Step-1　水平方向のつりあい

　∴　$H_A = 0$

Step-2　鉛直方向のつりあい

　∴　$V_A + V_B = 15$ kN … ①

Step-3　モーメントのつりあい

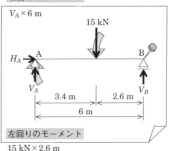

右回りのモーメント

$V_A \times 6$ m

左回りのモーメント

15 kN × 2.6 m

支点Bを中心に考える（画鋲）．

$$V_A \times 6 = 15 \times 2.6 \qquad 6V_A = 39$$

　∴　$V_A = +6.5$ kN

式①より　　∴　$V_B = +8.5$ kN

［答］$H_A = 0, V_A = +6.5$ kN，$V_B = +8.5$ kN

2・7 解答

〈力のつりあい方程式〉

Step-1　水平方向のつりあい

$\therefore$　$H_A = 0$

Step-2　鉛直方向のつりあい

$V_A + V_B = 6$ … ①

Step-3　モーメントのつりあい

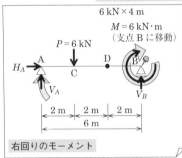

左回りのモーメント

$6\,\text{kN} \times 4\,\text{m}$

$M = 6\,\text{kN·m}$
（支点 B に移動）

$P = 6\,\text{kN}$

右回りのモーメント

$V_A \times 6\,\text{m} + 6\,\text{kN·m}$

支点 B をモーメントの中心に考える（画鋲）.

$V_A \times 6 + 6 = 6 \times 4$　　$6V_A = 18$

$\therefore$　$V_A = +3\,\text{kN}$

式①より　　$\therefore$　$V_B = +3\,\text{kN}$

［答］$H_A = 0$, $V_A = +3\,\text{kN}$, $V_B = +3\,\text{kN}$

2・8 解答

〈力のつりあい方程式〉

Step-1　水平方向のつりあい

$\therefore$　$H_A = +2\,\text{kN}$

Step-2　鉛直方向のつりあい

$\therefore$　$V_A + V_B = 8$ … ①

Step-3　モーメントのつりあい

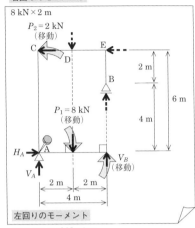

右回りのモーメント

$8\,\text{kN} \times 2\,\text{m}$

$P_2 = 2\,\text{kN}$
（移動）

$P_1 = 8\,\text{kN}$
（移動）

V_B
（移動）

左回りのモーメント

$V_B \times 4\,\text{m} + 2\,\text{kN} \times 6\,\text{m}$

支点 A を中心に考える（画鋲）.

$8 \times 2 = V_B \times 4 + 2 \times 6$　　$4V_B = 4$

$\therefore$　$V_B = +1\,\text{kN}$

式①より　　$\therefore$　$V_A = +7\,\text{kN}$

［答］$H_A = +2\,\text{kN}$, $V_A = +7\,\text{kN}$

　　　$V_B = +1\,\text{kN}$

2・9 解答

〈力のつりあい方程式〉

Step-1　水平方向のつりあい

$\therefore$　$H_A = 0$

Step-2　鉛直方向のつりあい

$\therefore$　$V_A + V_B = 3$ … ①

解答

Step-3　モーメントのつりあい

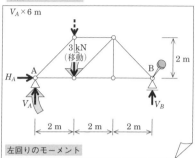

右回りのモーメント

$V_A × 6\,\mathrm{m}$

3 kN
（移動）

2 m

H_A

A

B

V_A

V_B

2 m　　2 m　　2 m

左回りのモーメント

$3\,\mathrm{kN} × 4\,\mathrm{m}$

支点 B を中心に考える（画鋲）.

$V_A × 6 = 3 × 4$　　$6\,V_A = 12$

$\therefore\quad V_A = +2\,\mathrm{kN}$

式①より　　$\therefore\quad V_B = +1\,\mathrm{kN}$

［答］$H_A = 0,\ V_A = +2\,\mathrm{kN},\ V_B = +1\,\mathrm{kN}$

3章　ある点の応力

Step-1　応力を求める点 D で切断して左側を選択する.

切断面に 3 つの応力（N, Q, M）を記入する.

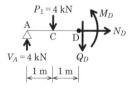

$P_1 = 4\,\mathrm{kN}$

M_D

A　　C　D　　N_D

$V_A = 4\,\mathrm{kN}$

Q_D

1 m　1 m

Step-2　〈力のつりあい方程式〉

（ⅰ）水平方向のつりあい

$\therefore\quad N_D = 0$

（ⅱ）鉛直方向のつりあい

$4 = 4 + Q_D$　　$\therefore\quad Q_D = 0$

（ⅲ）モーメントのつりあい

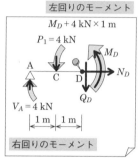

左回りのモーメント

$M_D + 4\,\mathrm{kN} × 1\,\mathrm{m}$

$P_1 = 4\,\mathrm{kN}$

M_D

A　　C　D　　N_D

$V_A = 4\,\mathrm{kN}$

Q_D

1 m　1 m

右回りのモーメント

$4\,\mathrm{kN} × 2\,\mathrm{m}$

点 D を中心に考える（画鋲）.

$4 × 2 = M_D + 4 × 1$

$\therefore\quad M_D = +4\,\mathrm{kN·m}$

［答］軸方向力 $N_D = 0$, せん断力 $Q_D = 0$,
　　　曲げモーメント $M_D = +4\,\mathrm{kN·m}$

反力は演習問題 2・1 で求めた（$H_A = 0$）.

Step-1　応力を求めたい点で切断（左側で選択）して，切断面に 3 つの応力を記入する.

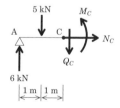

5 kN

M_C

A　　C　　N_C

6 kN

Q_C

1 m　1 m

Step-2　〈力のつりあい方程式〉

（ⅰ）水平方向のつりあい

$\therefore\quad N_C = 0$

（ⅱ）鉛直方向のつりあい

$6 = Q_C + 5$　∴　$Q_C = +1$ kN

（ⅲ）モーメントのつりあい

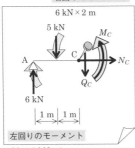

右回りのモーメント

6 kN×2 m

5 kN

M_C

A　C　N_C

Q_C

6 kN

1 m　1 m

左回りのモーメント

$M_C + 5$ kN×1 m

点 C を中心に考える（画鋲）.

$6 \times 2 = M_C + 5 \times 1$

∴　$M_C = +7$ kN·m

［答］軸方向力 $N_C = 0$

　　　せん断力 $Q_C = +1$ kN

　　　曲げモーメント $M_C = +7$ kN·m

3·3 解答

Step-1　応力を求めたい点で切断（先端側を選択）して，切断面に３つの応力を記入する.

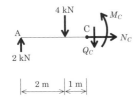

4 kN

M_C

A　C　N_C

Q_C

2 kN

2 m　1 m

Step-2　〈力のつりあい方程式〉

（ⅰ）水平方向のつりあい

∴　$N_C = 0$

（ⅱ）鉛直方向のつりあい

$2 = Q_C + 4$　∴　$Q_C = -2$ kN

（ⅲ）モーメントのつりあい

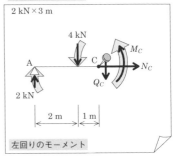

右回りのモーメント

2 kN×3 m

4 kN

M_C

A　C　N_C

Q_C

2 kN

2 m　1 m

左回りのモーメント

$M_C + 4$ kN×1 m

点 C を中心に考える（画鋲）.

$2 \times 3 = M_C + 4 \times 1$

∴　$M_C = +2$ kN·m

［答］軸方向力 $N_C = 0$

　　　せん断力 $Q_C = -2$ kN

　　　曲げモーメント $M_C = +2$ kN·m

3·4 解答

Step-1　応力を求めたい点で切断

2 kN/m

A　C

2 m　1 m

Step-2　切断面に３つの応力を記入する．このとき等分布荷重は集中荷重に直す.

$P = 2$ kN/m×2 m = 4 kN

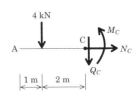

4 kN

M_C

A　C　N_C

Q_C

1 m　2 m

解答

239

Step-3 〈力のつりあい方程式〉

（ⅰ）水平方向のつりあい

∴ $N_C = 0$

（ⅱ）鉛直方向のつりあい

$0 = Q_C + 4$ ∴ $Q_C = -4$ kN

（ⅲ）モーメントのつりあい

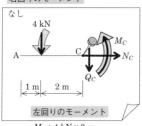

右回りのモーメント

なし

左回りのモーメント

$M_C + 4$ kN $\times 2$ m

点 C を中心に考える（画鋲）．

$0 = M_C + 4 \times 2$ ∴ $M_C = -8$ kN·m

［答］軸方向力 $N_C = 0$

　　　せん断力 $Q_C = -4$ kN

　　　曲げモーメント $M_C = -8$ kN·m

3・5 解答

Step-1 応力を求める点 E で切断

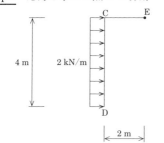

Step-2 切断面に 3 つの応力を記入する．このとき等分布荷重は集中荷重に直す．

$P = 2$ kN/m $\times 4$ m $= 8$ kN

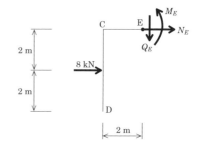

Step-3 〈力のつりあい方程式〉

（ⅰ）水平方向のつりあい

$N_E + 8 = 0$ ∴ $N_E = -8$ kN

（ⅱ）鉛直方向のつりあい

$0 = Q_E$ ∴ $Q_E = 0$

（ⅲ）モーメントのつりあい

右回りのモーメント

なし

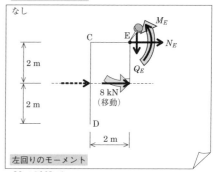

左回りのモーメント

$M_E + 8$ kN $\times 2$ m

点 E を中心に考える（画鋲）．

$0 = M_E + 8 \times 2$ ∴ $M_E = -16$ kN·m

［答］軸方向力 $N_E = -8$ kN

　　　せん断力 $Q_E = 0$

　　　曲げモーメント $M_E = -16$ kN·m

3・6 解答

反力は演習問題 2・9 で求めた.

Step-1　応力を求める部材 1〜3 で切断（右側を選択）して，切断面に応力（軸方向力）を記入する.

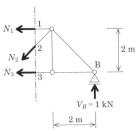

Step-2　〈力のつりあい方程式〉

斜めの力 N_2 は，水平方向の力 N_{2X}，鉛直方向の力 N_{2Y} に分解して考える（分解については，2 章 3 節参照）.

$$N_{2X} = N_{2Y} = \frac{N_2}{\sqrt{2}}$$

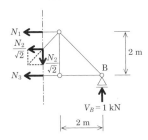

（i）水平方向のつりあい

$$0 = N_1 + \frac{N_2}{\sqrt{2}} + N_3$$

$$\therefore \quad N_1 + \frac{N_2}{\sqrt{2}} + N_3 = 0 \ \cdots \ ①$$

（ii）鉛直方向のつりあい

$$1 = \frac{N_2}{\sqrt{2}} \qquad \therefore \quad N_2 = +\sqrt{2} \ \text{kN}$$

（iii）モーメントのつりあい

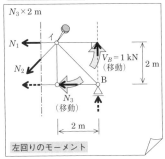

右回りのモーメント

$N_3 \times 2 \ \text{m}$

N_1

N_2

$V_B = 1 \ \text{kN}$（移動）

B

N_3（移動）

2 m

左回りのモーメント

$1 \ \text{kN} \times 2 \ \text{m}$

節点イを中心に考える（画鋲）.

$$N_3 \times 2 = 1 \times 2 \qquad \therefore \quad N_3 = +1 \ \text{kN}$$

式①より，　$N_1 = -2 \ \text{kN}$

[答] 軸方向力 $N_1 = -2 \ \text{kN}$

$$N_2 = +\sqrt{2} \ \text{kN}$$

$$N_3 = +1 \ \text{kN}$$

解答

4章　応力図

Step-1　反力の計算

$$V_A = V_B = \frac{6}{2} = 3 \text{ kN}$$

$$H_A = 2 \text{ kN}（右向き）$$

Step-2　応力図

［N 図］A-C 間において，2 kN の圧縮力が生じている．

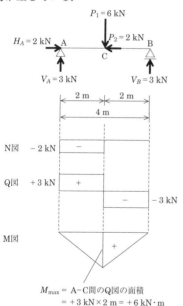

$$M_{max} = \text{A-C間のQ図の面積}$$
$$= +3 \text{ kN} \times 2 \text{ m} = +6 \text{ kN·m}$$

Step-1　反力の計算

$$V_A = 10 \times \frac{3}{5} = 6 \text{ kN}$$

$$V_B = 10 \times \frac{2}{5} = 4 \text{ kN}$$

$$H_A = 3 \text{ kN}（右向き）$$

Step-2　応力図

［N 図］A-C 間において，3 kN の圧縮力が生じている．

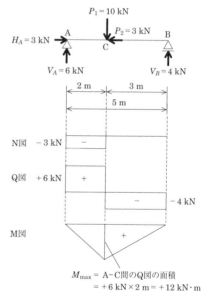

$$M_{max} = \text{A-C間のQ図の面積}$$
$$= +6 \text{ kN} \times 2 \text{ m} = +12 \text{ kN·m}$$

4・3 解答

<u>Step-1</u>　反力の計算

　反力は，偶力 $M = 3\text{ kN} \times 2\text{ m}$（左回り）に対して，反対向き（右回り）の偶力として抵抗するので

$$V_A（上向き）= V_B（下向き）$$
$$= \frac{3\text{ kN} \times 2\text{ m}}{6\text{ m}} = 1\text{ kN}$$

$$H_A = 0$$

<u>Step-2</u>　応力図

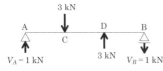

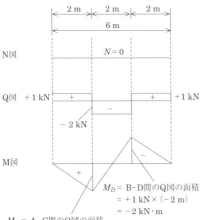

$M_C =$ A-C間のQ図の面積
　　$= +1\text{ kN} \times 2\text{ m}$
　　$= +2\text{ kN·m}$

〔注〕右側からの距離には（−）を付ける.

4・4 解答

<u>Step-1</u>　反力の計算

$$V_A = V_B = \frac{w \times 2l}{2} = wl$$

$$H_A = 0$$

<u>Step-2</u>　応力図

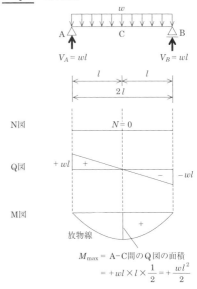

$M_{\max} =$ A-C間のQ図の面積
$$= +wl \times l \times \frac{1}{2} = +\frac{wl^2}{2}$$

解答

4・5 解答

Step-1　反力の計算

（ⅰ）水平方向のつりあい

∴　$H_B = 0$

（ⅱ）鉛直方向のつりあい

$V_B = 2 + 4$　∴　$V_B = 6$ kN

（ⅱ）モーメントのつりあい

$RM_B = 2 \times 4 + 4 \times 2$

∴　$RM_B = 16$ kN·m

Step-2　応力図

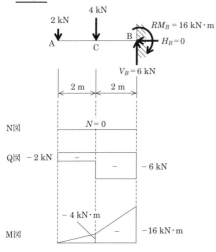

$M_C =$ A–C間のQ図の面積　　$M_{max} =$ A–B間のQ図の面積
$= -2$ kN $\times 2$ m　　　　　$= -4$ kN·m
$= -4$ kN·m　　　　　　　　$+ (-6$ kN$) \times 2$ m
　　　　　　　　　　　　　　$= -16$ kN·m

4・6 解答

Step-1　反力の計算

（ⅰ）水平方向のつりあい

∴　$H_B = 0$

（ⅱ）鉛直方向のつりあい

∴　$V_B = 2$ kN/m $\times 2$ m $= 4$ kN

（ⅲ）モーメントのつりあい

$RM_B = 4$ kN $\times \dfrac{2}{2}$ m

∴　$RM_B = 4$ kN·m

Step-2　応力図

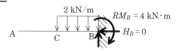
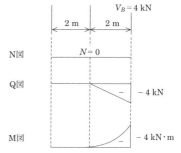

$M_{max} =$ C–B間のQ図の面積
$= -4$ kN $\times 2$ m $\times \dfrac{1}{2}$
$= -4$ kN·m

4・7 解答

<u>Step-1</u>　反力の計算

（ⅰ）水平方向のつりあい

∴　$H_A = 0$

（ⅱ）鉛直方向のつりあい

$V_A + V_B = 4 + 8$

∴　$V_A + V_B = 12$　…　①

（ⅲ）モーメントのつりあい（支点B中心）

$V_A \times 4 = 4 \times 6 + 8 \times 3$

∴　$V_A = 12$ kN

式①より　∴　$V_B = 0$

<u>Step-2</u>　応力図

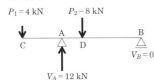

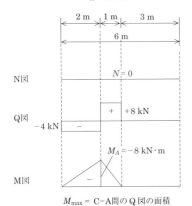

$M_{\max} = $ C-A間の Q 図の面積
$= -4$ kN $\times 2$ m
$= -8$ kN・m

〔注〕 M図は$V_B = 0$のため，C-D間に
　　　ゴムひもをはる．

4・8 解答

<u>Step-1</u>　反力の計算

（ⅰ）水平方向のつりあい

∴　$H_A = 0$

（ⅱ）鉛直方向のつりあい

∴　$V_A + V_B = 0$

（ⅲ）モーメントのつりあい（支点B中心）

$V_A \times 6 + 300 = 300$

∴　$V_A = 0$　∴　$V_B = 0$

<u>Step-2</u>　応力図

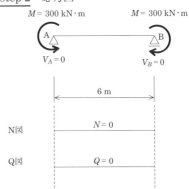

5 章　断面と応力度

5・1 解答

（A）　$Z_A = \dfrac{a \times (3a)^2}{6} = \dfrac{9a^3}{6} = \dfrac{3a^3}{2}$

（B）　$Z_B = \dfrac{0.5a \times (3a)^2}{6} \times 2 = \dfrac{9a^3}{6} = \dfrac{3a^3}{2}$

（C）　$Z_C = \dfrac{a \times a^2}{6} \times 3 = \dfrac{3a^3}{6} = \dfrac{a^3}{2}$

∴　断面係数の比 $Z_A : Z_B : Z_C = 3 : 3 : 1$

解答

5・2 解答

<u>Step-1</u> 反力の計算

$$V_A = P \times \frac{3}{4} = \frac{3P}{4} \qquad V_B = P \times \frac{1}{4} = \frac{P}{4}$$

$$H_A = 0$$

<u>Step-2</u> 応力図

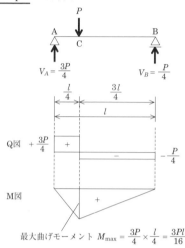

最大曲げモーメント $M_{\max} = \frac{3P}{4} \times \frac{l}{4} = \frac{3Pl}{16}$

<u>Step-3</u> 断面係数

$$Z = \frac{bh^2}{6}$$

部材断面

<u>Step-4</u> 最大曲げ応力度

$$\sigma_b = \frac{M_{\max}}{Z}$$

$$= \frac{3Pl}{16} \div \frac{bh^2}{6} = \frac{3Pl}{16} \times \frac{6}{bh^2}$$

$$= \frac{9Pl}{8bh^2}$$

$$\therefore \quad \sigma_b = \frac{9Pl}{8bh^2}$$

5・3 解答

<u>Step-1</u> 反力の計算

$$V_A = V_B = wl \times \frac{1}{2} = \frac{wl}{2}$$

$$H_A = 0$$

<u>Step-2</u> 応力図

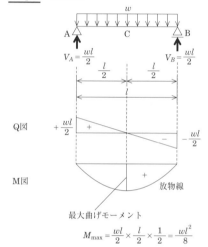

放物線

最大曲げモーメント

$$M_{\max} = \frac{wl}{2} \times \frac{l}{2} \times \frac{1}{2} = \frac{wl^2}{8}$$

<u>Step-3</u> 断面係数

$$Z = \frac{bh^2}{6}$$

部材断面

<u>Step-4</u> 最大曲げ応力度

$$\sigma_b = \frac{M_{\max}}{Z}$$

$$= \frac{wl^2}{8} \div \frac{bh^2}{6} = \frac{wl^2}{8} \times \frac{6}{bh^2}$$

$$= \frac{3wl^2}{4bh^2}$$

$$\therefore \quad \sigma_b = \frac{3wl^2}{4bh^2}$$

5・4 解答

<u>Step-1</u>　反力の計算

$$V_A = wl$$

$$RM_A = wl \times \frac{l}{2} = \frac{wl^2}{2}$$

$$H_A = 0$$

<u>Step-2</u>　応力図

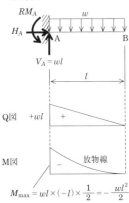

最大曲げモーメント

$$\therefore \quad M_{max} = \frac{wl^2}{2}（絶対値）$$

<u>Step-3</u>　断面係数

$$Z = \frac{bh^2}{6}$$

<u>Step-4</u>　最大曲げ応力度

$$\sigma_b = \frac{M_{max}}{Z}$$

$$= \frac{wl^2}{2} \div \frac{bh^2}{6} = \frac{wl^2}{2} \times \frac{6}{bh^2} = \frac{3wl^2}{bh^2}$$

$$\therefore \quad \sigma_b = \frac{3wl^2}{bh^2}$$

5・5 解答

高力ボルトの短期許容せん断耐力は，長期の 1.5 倍であるので

引張力 $P = 47$ kN $\times 1.5 \times 4$ 本 $= 282$ kN

$$\therefore \quad P = 282 \text{ kN}$$

5・6 解答

<u>Step-1</u>　応力図

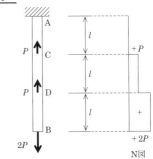

N図

<u>Step-2</u>　軸方向変位

$$\Delta l = \frac{Nl}{AE} \text{ より}$$

（ⅰ）A-C 間の伸び Δl_1

$N = 0$ より，　$\Delta l_1 = 0$

（ⅱ）C-D 間の伸び Δl_2

$N = P$ より，　$\Delta l_2 = \frac{Pl}{AE}$

（ⅲ）D-B 間の伸び Δl_3

$N = 2P$ より，　$\Delta l_3 = \frac{2Pl}{AE}$

よって

$$\delta_D = \Delta l_1 + \Delta l_2 + \Delta l_3$$

$$= 0 + \frac{Pl}{AE} + \frac{2Pl}{AE} = \frac{3Pl}{AE}$$

$$\therefore \quad \delta_D = \frac{3Pl}{AE}$$

5・7 解答

<u>Step-1</u> 引張応力度 σ_1

断面積 $A = D \times 3D = 3D^2$

引張力 P が中心に作用したときの応力度 σ_1 は

$$\sigma_1 = +\frac{P}{A} = +\frac{P}{3D^2}$$

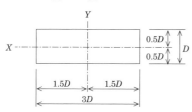

<u>Step-2</u> X 方向の偏心による曲げ応力度 σ_2

偏心による曲げモーメント

$$M = P \cdot e = P \times 1.5D = 1.5PD$$

断面係数

$$Z = \frac{D \times (3D)^2}{6} = \frac{9D^3}{6}$$

X 方向の偏心による曲げ応力度 σ_2 は

$$\sigma_2 = \pm\frac{M}{Z} = \pm\frac{1.5PD}{\dfrac{9D^3}{6}} = \pm\frac{P}{D^2}$$

<u>Step-3</u> Y 方向の偏心による曲げ応力度 σ_3

偏心による曲げモーメント

$$M = P \cdot e = P \times 0.5D = 0.5PD$$

断面係数

$$Z = \frac{3D \times D^2}{6} = \frac{D^3}{2}$$

Y 方向の偏心による曲げ応力度 σ_3 は

$$\sigma_3 = \pm\frac{M}{Z} = \pm\frac{0.5PD}{\dfrac{D^3}{2}} = \pm\frac{P}{D^2}$$

<u>Step-4</u> 組合せ応力度

引張応力度の最大値

$$\sigma_t = \sigma_1 + \sigma_2 + \sigma_3$$

$$= +\frac{P}{3D^2} + \frac{P}{D^2} + \frac{P}{D^2}$$

$$\therefore \quad \sigma_t = +\frac{7P}{3D^2}$$

圧縮応力度の最大値

$$\sigma_c = \sigma_1 - \sigma_2 - \sigma_3$$

$$= +\frac{P}{3D^2} - \frac{P}{D^2} - \frac{P}{D^2}$$

$$\therefore \quad \sigma_c = -\frac{5P}{3D^2}$$

6 章 変形と座屈

6・1 解答

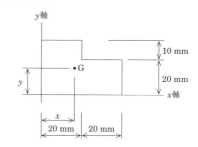

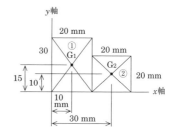

全体の断面一次モーメント
= 断面① + 断面②
より

Step-1　x を求める計算

$(20 \times 30 + 20 \times 20) \times x$
$= (20 \times 30) \times 10 + (20 \times 20) \times 30$

$1\,000\,x = 6\,000 + 12\,000$

$1\,000\,x = 18\,000$

$\therefore\quad x = 18\ \text{mm}$

Step-2　y を求める計算

$(20 \times 30 + 20 \times 20) \times y$
$= (20 \times 30) \times 15 + (20 \times 20) \times 10$

$1\,000\,y = 9\,000 + 4\,000$

$1\,000\,y = 13\,000$

$\therefore\quad y = 13\ \text{mm}$

6・2 解答

$$I_X = \frac{2l \times (4l)^3}{12} = \frac{128l^4}{12}$$

$$I_Y = \frac{4l \times (2l)^3}{12} = \frac{32l^4}{12}$$

$$I_X : I_Y = 128 : 32$$

$$\therefore\quad I_X : I_Y = 4 : 1$$

6・3 解答

〈断面二次モーメント〉

$$I_X = \frac{B \times D^3}{12} - \frac{B \times d^3}{12}$$

$$\therefore\quad I_X = \frac{B(D^3 - d^3)}{12}$$

〈断面係数〉

$$断面係数\ Z = \frac{断面二次モーメント\ I}{縁端距離\ y}$$

縁端距離 y は図心軸 X から断面の一番外側までの距離であるから $D/2$ となり

$$Z = \frac{B(D^3 - d^3)}{12} \div \frac{D}{2}$$

$$= \frac{B(D^3 - d^3)}{12} \times \frac{2}{D}$$

$$\therefore\quad Z = \frac{B(D^3 - d^3)}{6D}$$

6・4 解答

$$I_X = I_{全体} - I_{欠損} \times 2$$

$$= \frac{6 \times 10^3}{12} - \frac{2 \times 6^3}{12} \times 2$$

$$= 500 - 72$$

$$\therefore\quad I_X = 428\ \text{cm}^4$$

6・5 解答

(A)　$\delta_A = \dfrac{Pl^3}{48EI}$

(B)　$\delta_B = \dfrac{Pl^3}{3EI} = \dfrac{16Pl^3}{48EI}$

$\therefore\quad \delta_A : \delta_B = 1 : 16$

6・6 解答

（A）　スパン中央に集中荷重 P を受ける単純ばりのはり中央のたわみ δ_A は，曲げ剛性を $2\,EI$ として

$\therefore\quad \delta_A = \dfrac{Pl^3}{48 \times 2EI} = \dfrac{Pl^3}{96EI}$

（B）　等分布荷重 w を受ける単純ばりのはり中央のたわみ δ_B は，曲げ剛性を EI として

$\therefore\quad \delta_B = \dfrac{5wl^4}{384EI}$

解答

$\delta_A = \delta_B$ より $\quad \dfrac{Pl^3}{96EI} = \dfrac{5wl^4}{384EI}$

$\therefore \quad \dfrac{wl}{P} = \dfrac{4}{5}$

6·7 解答

点Cのたわみを δ_C として，仮想仕事の原理より解く．反力および応力図については4章7節を参照のこと．

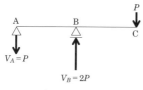

M図

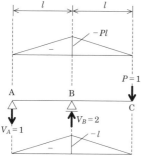

$\overline{M}$図

$\delta_C = \dfrac{1}{3} \times (-Pl) \times (-l) \times l \times 2 \times \dfrac{1}{EI}$

$\quad = \dfrac{2Pl^3}{3EI}$

$\therefore \quad \delta_C = \dfrac{2Pl^3}{3EI}$

6·8 解答

座屈長さ＝換算係数×見掛けの長さ

(A) 2.0 l

(B) 0.7 l

(C) 0.5 l

(D) 1.0 l

(E) 1.0 l

〔注意〕　両端固定（水平移動自由）の換算係数は $c = 1.0$ となる．

6·9 解答

座屈長さ＝換算係数×見掛け長さ

(A) $2.0 \times 2\,h = 4.0\,h$

(B) $1.0 \times 5\,h = 5.0\,h$

(C) $0.5 \times 6\,h = 3.0\,h$

座屈長さの大小関係は，

(C)＜(A)＜(B)

座屈荷重は，座屈長さの2乗に反比例することから，座屈荷重の大小関係は

$\therefore \quad P_C > P_A > P_B$

7章　静定ラーメン

7·1 解答

まず，等分布荷重を集中荷重に置き換え，分布範囲の中央に作用させる．

集中荷重 $P = 4\,\text{kN/m} \times 6\,\text{m} = 24\,\text{kN}$

<u>Step-1</u>　水平方向のつりあい

$24 = H_A \quad \therefore \quad H_A = +24\,\text{kN}$

<u>Step-2</u>　鉛直方向のつりあい

$V_B = V_A \quad \therefore \quad V_A = V_B \cdots ①$

Step-3　モーメントのつりあい

右回りのモーメント

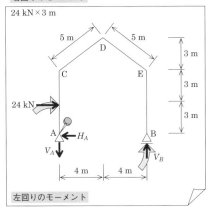

24 kN×3 m

左回りのモーメント

$V_B \times 8$ m

支点 A を中心とする.

$24 \times 3 = V_B \times 8$ 　 $8\,V_B = 72$

$\therefore\quad V_B = +9$ kN

式①より

$\therefore\quad V_A = +9$ kN

［答］$H_A = +24$ kN,

$\qquad V_A = V_B = +9$ kN

7・2 解答

反力は演習問題 7・1 で求めた.

点 D で切断（右側を選択）して，モーメントのつりあいを考える.

右回りのモーメント

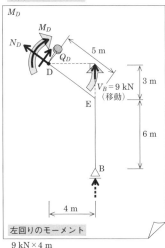

左回りのモーメント

9 kN×4 m

$M_D = 9 \times 4$

$\therefore\quad M_D = +36$ kN·m

7・3 解答

（1）反力

図のように反力を仮定する.

支点 A は水平荷重 40 kN により，浮き上がることが予想されるので下向きとする.

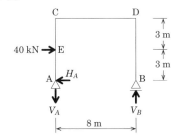

Step-1　水平方向のつりあい

$\therefore\quad H_A = 40$ kN

Step-2　鉛直方向のつりあい

$\therefore \quad V_A = V_B \cdots$ ①

Step-3　モーメントのつりあい

点 A をモーメントの中心とする（図は省略）.

$40 \times 3 = V_A \times 8$

$\therefore \quad V_A = 15$ kN

式①より　　$V_B = 15$ kN

［参考］　水平力（40 kN と H_A）による偶力のモーメント（右回り）と鉛直反力（V_A と V_B）による偶力のモーメント（左回り）がつりあっている.

（2）応力図

Step-1　柱（左）

剛節点 C を固定支点にして片持ばりとして考える.
M 図は＊1 と＊2 を足し合わせたもの

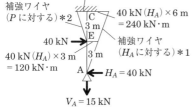

Step-2　はり

剛節点 C を固定支点にして片持ばりとして考える.
同時に V_B は点 D に移動する.

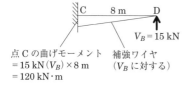

Step-3　柱（右）

剛節点 D を固定支点にして片持ばりとして考える.

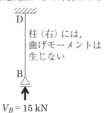

Step-4　結果

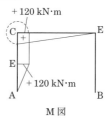

M 図

7・4　解答

3 つの片持ばりに分けて考える.

Step-1　DC 部材

剛節点 C を固定支点にして片持ばりとして考える.

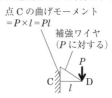

Step-2　CB 部材

剛節点 B を固定支点にして片持ばりとして考える.

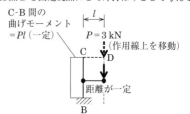

Step-3　BA 部材

P を移動し片持ばりとして考える.

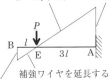

補強ワイヤ　　点 A の曲げモーメント
（P に対する）　= $P \times 3l = 3Pl$

補強ワイヤを延長する

点 B の曲げモーメント
= Pl
（三角形の相似の関係）

Step-4　M 図（結果）

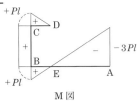

M 図

7・5 解答

（1）反力

図のように反力を仮定して，力のつり
あい方程式で解く.

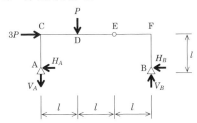

Step-1　水平方向のつりあい

$3P = H_A + H_B$

∴　$H_A + H_B = 3P$ … ①

Step-2　鉛直方向のつりあい

∴　$V_B - V_A + P$ … ②

Step-3　モーメントのつりあい（支点 A 中心）

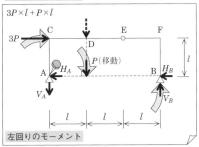

右回りのモーメント

$3P \times l + P \times l$

左回りのモーメント

$V_B \times 3l$

$3P \times l + P \times l = V_B \times 3l$

∴　$V_B = +\dfrac{4P}{3}$

式②より　　$V_A = +\dfrac{P}{3}$

Step-4　モーメントのつりあい（点 E 中心）

次に，点 E のピンを外し，右側につ
いて考える.　このとき，左側によって支
えられていた力を H_E, V_E とする.

$H_B \times l = V_B \times l$

$H_B = V_B$　　∴　$H_B = +\dfrac{4P}{3}$

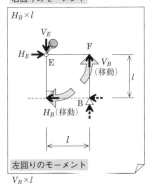

右回りのモーメント

$H_B \times l$

左回りのモーメント

$V_B \times l$

式①より $H_A = +\dfrac{5P}{3}$

(2) 応力

<u>Step-1</u>　点 C の曲げモーメント

点 C で切断して考える.

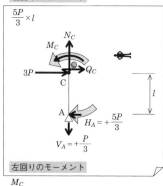

M_C

モーメントのつりあい（点 C 中心）

$$\dfrac{5P}{3} \times l = M_C \quad \therefore \quad M_C = +\dfrac{5Pl}{3}$$

<u>Step-2</u>　点 D の曲げモーメント

点 D で切断して考える.

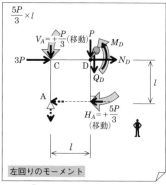

$M_D + \dfrac{P}{3} \times l$

モーメントのつりあい（点 D 中心）

$$\dfrac{5P}{3} \times l = M_D + \dfrac{P}{3} \times l \quad \therefore \quad M_D = +\dfrac{4Pl}{3}$$

［答］ $H_A = +\dfrac{5P}{3}, \quad V_A = +\dfrac{P}{3}$

　　　$H_B = +\dfrac{4P}{3}, \quad V_B = +\dfrac{4P}{3}$

　　　$M_C = +\dfrac{5Pl}{3}, \quad M_D = +\dfrac{4Pl}{3}$

8章　静定トラス

8・1 解答

（a）ゼロ部材の本数:3本(点線で表示)

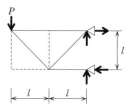

（b）ゼロ部材の本数:1本(点線で表示)

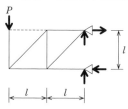

（c）ゼロ部材の本数:2本(点線で表示)

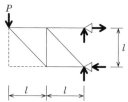

8・2 解答

（1）示力図

示力図は荷重 P を移動して簡単に求める.

①移動して三角形をつくる

②三角形が閉じるように矢印を一周させる.　③隣に基本直角三角形を描き比較する.

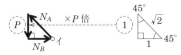

（2）N_A

［大きさ］$\sqrt{2} \times P = \sqrt{2}P$

［符　号］節点イを引っ張っている

→引張（＋）

∴　$N_A = +\sqrt{2}P$

（3）N_B

［大きさ］$1 \times P = P$

［符　号］節点イを押している

→圧縮（－）

∴　$N_B = -P$

8・3 解答

切断して左側を選択するので，反力は V_A を求める.

（1）反　力

Step-1　水平方向のつりあい　　∴　$H_A = 0$

Step-3　モーメントのつりあい（点 B 中心）

$$V_A \times 2l + P \times l = P \times 3l + 2P \times 2l - 2P \times l$$

∴　$V_A = 4P$

（2）応　力

軸方向力を求める部材 1，2，3 を通るように切断して，切断面に求める軸方向力 N_1，N_2，N_3 を記入する.

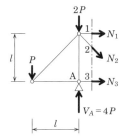

Step-1　水平方向のつりあい

N_2 は，図のように分解して考える.

∴　$N_1 + \dfrac{N_2}{\sqrt{2}} + N_3 = 0$　…　①

Step-2　鉛直方向のつりあい

$$4P = \dfrac{N_2}{\sqrt{2}} + P + 2P \qquad \dfrac{N_2}{\sqrt{2}} = P$$

∴　$N_2 = +\sqrt{2}P$

Step-3　モーメントのつりあい

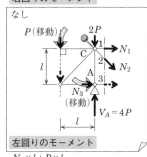

右回りのモーメント

なし

左回りのモーメント

$N_3 \times l + P \times l$

解答

255

点 C をモーメントの中心にする（画鋲）.

$0 = N_3 \times l + P \times l$　　　$\therefore$　$N_3 = -P$

式① より

$N_1 + \dfrac{\sqrt{2}P}{\sqrt{2}} - P = 0$　　　$\therefore$　$N_1 = 0$

[答] $N_1 = 0$, $N_2 = +\sqrt{2}P$, $N_3 = -P$

8·4 解答

Step-1　反力

切断して左側を選択するので，H_A および V_A を求める.

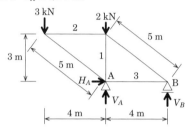

（ⅰ）水平方向のつりあい

$\therefore$　$H_A = 0$

（ⅱ）省　略

（ⅲ）モーメントのつりあい（点 B 中心）

$V_A \times 4 = 3 \times 8 + 2 \times 4$

$\therefore$　$V_A = 8$ kN

Step-2　応力の計算

部材 1, 2, 3 を通るように切断して切断面に求める応力 N_1, N_2, N_3 を記入.

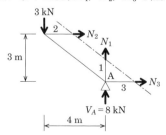

（ⅰ）水平方向のつりあい

$\therefore$　$N_2 + N_3 = 0$ … ①

（ⅱ）鉛直方向のつりあい

$N_1 + 8 = 3$　　　$\therefore$　$N_1 = -5$ kN

（ⅲ）モーメントのつりあい

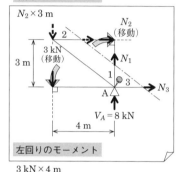

支点 A をモーメントの中心にする.

$N_2 \times 3 = 3 \times 4$　　　$\therefore$　$N_2 = 4$ kN

式① より　　　$\therefore$　$N_3 = -4$ kN

[答] $N_1 = -5$ kN, $N_2 = +4$ kN,

　　　$N_3 = -4$ kN

8·5 解答

（1）反力の計算

Step-1　水平方向のつりあい

　$\therefore$　$H_A = 0$

Step-2　鉛直方向のつりあい

　$\therefore$　$V_A + V_B = P$

Step-3　モーメントのつりあい（支点 B 中心）

$V_A \times 3l = P \times l$　　　$\therefore$　$V_A = \dfrac{1}{3}P$

（2）応力の計算

図のように，部材 1, 2, 3 を点線の位置で切断する．各部材に軸方向力 N_1, N_2, N_3 を引張方向に仮定する．

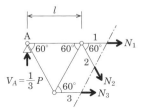

<u>Step-1</u>　水平方向のつりあい

N_2 は，図のように分解して考える．

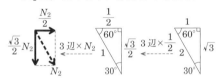

$$N_1 + \frac{N_2}{2} + N_3 = 0 \quad \cdots \text{①}$$

<u>Step-2</u>　鉛直方向のつりあい

$$\frac{1}{3}P = \frac{\sqrt{3}}{2}N_2 \qquad \therefore \quad N_2 = +\frac{2}{3\sqrt{3}}P$$

<u>Step-3</u>　モーメントのつりあい

節点 C をモーメントの中心にする．

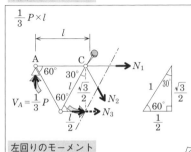

$$N_3 \times \frac{\sqrt{3}}{2}l$$

$$+\frac{1}{3}P \times l = N_3 \times \frac{\sqrt{3}}{2}l$$

$$\therefore \quad N_3 = +\frac{2}{3\sqrt{3}}P$$

式①より

$$N_1 + \frac{2}{3\sqrt{3}}P + \frac{2}{3\sqrt{3}}P = 0$$

$$\therefore \quad N_1 = -\frac{4}{3\sqrt{3}}P$$

［答］ $N_1 = -\dfrac{4}{3\sqrt{3}}P$, $N_2 = +\dfrac{2}{3\sqrt{3}}P$,

$N_3 = +\dfrac{2}{3\sqrt{3}}P$

9 章　不静定ばり

9・1 解答

（1）不静定次数 $m = 4 + 0 + 4 - 2 \times 4 = 0$
　　判定：静定

（2）不静定次数 $m = 5 + 2 + 3 - 2 \times 5 = 0$
　　判定：静定

（3）不静定次数 $m = 4 + 0 + 6 - 2 \times 5 = 0$
　　判定：静定

（4）不静定次数 $m = 4 + 2 + 4 - 2 \times 5 = 0$
　　判定：静定

（5）不静定次数 $m = 4 + 1 + 4 - 2 \times 5 = -1$
　　判定：不安定

［答］（5）

9・2 解答

<u>Step-1</u>　等分布荷重 w による変位 δ_{B1}

$$\delta_{B1} = \frac{5wl^4}{384EI}$$

Step-2　反力 V_B による変位 δ_{B2}

$$\delta_{B2}=\frac{V_B l^3}{48EI}$$

Step-3　$\delta_{B1}=\delta_{B2}$

$$\frac{5wl^4}{384EI}=\frac{V_B l^3}{48EI}\qquad\therefore\quad V_B=\frac{5wl}{8}$$

ここで，鉛直方向の力のつりあいより

$$2V_A+\frac{5wl}{8}=wl\qquad\therefore\quad V_A=\frac{3wl}{16}$$

$$\therefore\quad V_A:V_B=\frac{3wl}{16}:\frac{5wl}{8}=3:10$$

9・3 解答

このはりは，2つの片持ばり（1），（2）が連結したものと考える．

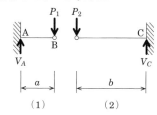

（1）　　　（2）

$$\delta_{B1}=\frac{P_1\cdot a^3}{3EI},\quad \delta_{B2}=\frac{P_2\cdot b^3}{3EI}$$

実際は連結されておりたわみは等しい．

$$\delta_{B1}=\delta_{B2}\qquad\therefore\quad P_1=\frac{b^3}{a^3}P_2$$

また，$P=P_1+P_2$ より

$$\therefore\quad P_1=\frac{b^3}{a^3+b^3}P,\qquad P_2=\frac{a^3}{a^3+b^3}P$$

9・4 解答

（A）公式より，$M_A=\dfrac{Pl}{4}$

（B）公式より，$M_B=\dfrac{Pl}{8}$

（C）2つの片持ばりが連結したものと考えると，スパン $l/2$ の片持ばりの先端に $P/2$ が作用したときの固定支点のモーメントが最大曲げモーメント M_C となる．

$$M_C=\frac{P}{2}\times\frac{l}{2}=\frac{Pl}{4}$$

$$\therefore\quad M_A:M_B:M_C=\frac{Pl}{4}:\frac{Pl}{8}:\frac{Pl}{4}$$
$$=2:1:2$$

10章　不静定ラーメン

10・1 解答

1. mm^3，cm^3 など
2. N/mm^2
3. 無次元量
4. mm^3，cm^3 など
5. mm/s^2，m/s^2 など

［答］3

10・2 解答

Step-1　剛比の総和

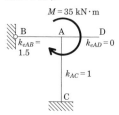

有効剛比 k_e を計算する．

他端固定：$k_e=k$

他端ピン：$k_e=0.75k$

他端自由：$k_e=0$ より

$\Sigma k=k_{eAB}+k_{AC}+k_{eAD}=1.5+1+0=2.5$

Step-2 分配モーメント

$$M_{AB} = 35 \times \frac{1.5}{2.5} = 21 \text{ kN·m}$$

$$M_{AC} = 35 \times \frac{1}{2.5} = 14 \text{ kN·m}$$

$$M_{AD} = 35 \times \frac{0}{2.5} = 0$$

Step-3 到達モーメント

ピンと自由端では 0 となる.

$$M_{BA} = 0$$

$$M_{CA} = 14 \times \frac{1}{2} = 7 \text{ kN·m} \qquad M_{DA} = 0$$

Step-4 M 図

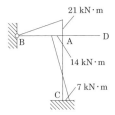

10·3 解答

Step-1 固定モーメント＝解放モーメント

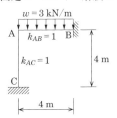

固定モーメント

$$M = \frac{wl^2}{12} = \frac{3 \times 4^2}{12} = 4 \text{ kN·m}$$

解放モーメント

$$M = 4 \text{ kN·m}$$

Step-2 M 図の合成

分配モーメント

$$M_{AB} = M_{AC} = 4 \text{ kN·m} \times \frac{1}{1+1}$$

$$= 2 \text{ kN·m}$$

到達モーメント

$$M_{BA} = M_{CA} = 2 \text{ kN·m} \times \frac{1}{2} = 1 \text{ kN·m}$$

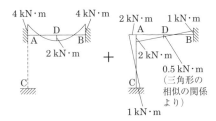

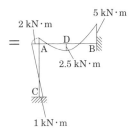

10·4 解答

はりの有効剛比を求める.

$$k_{eAB} = 0.5 \times 2 = 1$$

Step-1 固定端としたときの M

$$M_{AB} = M_{BA} = \frac{wl^2}{12} = \frac{2 \times 6^2}{12} = 6 \text{ kN·m}$$

$$M_D = \frac{wl^2}{24} = \frac{2 \times 6^2}{24} = 3 \text{ kN·m}$$

Step-2　固定モーメント＝解放モーメント

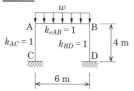

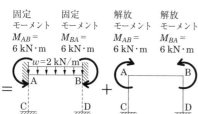

Step-3　分配モーメントの計算

$$M_{AC} = M_{AB} = 6 \times \frac{1}{1+1} = 3 \text{ kN·m}$$

$$M_{BD} = M_{BA} = 6 \times \frac{1}{1+1} = 3 \text{ kN·m}$$

Step-4　到達モーメントの計算

$$M_{CA} = M_{DB} = 3 \times \frac{1}{2} = 1.5 \text{ kN·m}$$

Step-5　M 図の合成

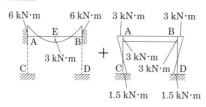

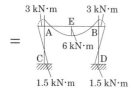

3 階の床レベルの水平変位

　＝ 2 階の床レベルの層間変位

　　＋3 階の床レベルの層間変位　より

$$\delta_A = \frac{Q_1}{K_1} + \frac{Q_2}{K_2} = \frac{10P}{3K} + \frac{10P}{2K} = \frac{50P}{6K}$$

$$\delta_B = \frac{Q_1}{K_1} + \frac{Q_2}{K_2} = \frac{12P}{2K} + \frac{8P}{2K} = \frac{60P}{6K}$$

$$\delta_C = \frac{Q_1}{K_1} + \frac{Q_2}{K_2} = \frac{12P}{3K} + \frac{9P}{2K} = \frac{51P}{6K}$$

$$\therefore \quad \delta_B > \delta_C > \delta_A$$

剛なはりでつながった各柱の水平力の分担比は, それぞれの水平剛性の比となる.

一端固定・他端ピンの柱の水平剛性は

$$K = \frac{3EI}{L^3}$$

両端固定の場合の柱の水平剛性は

$$K = \frac{12EI}{L^3}$$

（1）柱 A

柱 A の水平剛性を $K_左$, 剛体のはりでつながった柱の水平剛性を $K_右$ とすると

水平力の分担比は, $K_左 : K_右 = 4 : 1$

$\therefore$　柱 A の負担せん断力

$$Q_A = \frac{4}{4+1}P = \frac{4}{5}P$$

（2）柱 B

$$K_左 = \frac{12EI}{h^3} \qquad K_右 = \frac{12EI}{(2h)^3} = \frac{3EI}{2h^3}$$

水平力の分担比は, $K_左 : K_右 = 8 : 1$

$\therefore$　柱 B の負担せん断力

$$Q_B = \frac{8}{8+1}P = \frac{8}{9}P$$

(3) 柱 C

左右の柱の水平剛性は等しいので，水平力の分担比は，$K_{左} : K_{右} = 1 : 1$

∴ 柱 C の負担せん断力

$$Q_C = \frac{1}{1+1} P = \frac{1}{2} P$$

∴ $Q_B > Q_A > Q_C$

10・7 解答

1. 屋上の床レベルに作用する水平荷重①

$$① = \frac{(200 + 160)}{4} \times 2$$

∴ ① = 180 kN

2. 2 階床レベルの水平荷重②

1 階柱のせん断力 = ① + ②

$$\frac{(220 + 250)}{4} \times 2 = 180 + ②$$

$$235 = 180 + ②$$

∴ ② = 55 kN

3. はりのせん断力③

$$③ = \frac{(220 + 160) + (220 + 160)}{10}$$

∴ ③ = 76 kN

4. 柱の軸方向力④

④ = 屋上レベルのはりのせん断力 + ③

$$= \frac{200 + 200}{10} + 76 = 40 + 76$$

∴ ④ = 116 kN

5. 支点の反力⑤

⑤ = ④ + 1 階床レベルのはりのせん断力

$$= 116 + \frac{250 + 250}{10} + 116 + 50$$

∴ ⑤ = 166 kN

[答] 2

11 章　崩壊機構

11・1 解答

Step-1　降伏開始時

　降伏開始曲げモーメント M_y と縁応力度 σ_y との間には次の関係が成り立つ．

$$\sigma_y = \frac{M_y}{Z}$$

$$M_y = P_y l, \quad Z = \frac{BD^2}{6} \text{より}$$

$$\sigma_y = P_y l \div \frac{BD^2}{6} = P_y l \times \frac{6}{BD^2}$$

$$\sigma_y = \frac{6P_y l}{BD^2}$$

∴ $P_y = \frac{BD^2 \sigma_y}{6l}$

Step-2　全塑性時

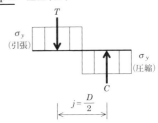

$$M_p = C \times j = T \times j = \sigma_y \times \frac{D}{2} \times B \times \frac{D}{2}$$

$$= \frac{BD^2 \sigma_y}{4}$$

$$M_p = P_u \times l \text{ より}$$

∴ $P_u = \frac{BD^2 \sigma_y}{4l}$

解答

11·2 解答

　内力による仕事の計算において，ピンは塑性ヒンジとならないことに注意して計算する．

<u>Step-1</u>　はり A の崩壊荷重 P_{uA}

〈外力による仕事〉

$$\Sigma P \cdot \delta = P_{uA} \times \frac{l}{2} \theta = \frac{l}{2} P_{uA} l \theta$$

〈内力による仕事〉

$$\Sigma M_p \cdot \theta = M_p \times 2\theta = 2 M_p \theta$$

$$\Sigma P \cdot \delta = \Sigma M_p \cdot \theta \text{ より}$$

$$\frac{l}{2} P_{uA} l\theta = 2M_p\theta$$

$$\therefore \quad P_{uA} = \frac{4M_p}{l}$$

<u>Step-2</u>　はり B の崩壊荷重 P_{uB}

〈外力による仕事〉

$$\Sigma P \cdot \delta = \frac{1}{2} P_{uB} l\theta$$

〈内力による仕事〉

$$\Sigma M_p \cdot \theta = M_p \times \theta + M_p \times 2\theta + M_p \times \theta$$
$$= 4 M_p \theta$$

$$\Sigma P \cdot \delta = \Sigma M_p \cdot \theta \text{ より}$$

$$\frac{1}{2} P_{uB} l\theta = 4M_p\theta$$

$$\therefore \quad P_{uB} = \frac{8M_p}{l}$$

<u>Step-3</u>　はり C の崩壊荷重 P_{uC}

〈外力による仕事〉

$$\Sigma P \cdot \delta = \frac{1}{2} P_{uC} l\theta$$

〈内力による仕事〉

$$\Sigma M_p \cdot \theta = M_p \times \theta + M_p \times \theta = 2 M_p \theta$$

$$\Sigma P \cdot \delta = \Sigma M_p \cdot \theta \text{ より}$$

$$\frac{1}{2} P_{uC} l\theta = 2M_p\theta \quad \therefore \quad P_{uC} = \frac{4M_p}{l}$$

<u>Step-4</u>　比

$$\therefore \quad P_{uA} : P_{uB} : P_{uC} = 1 : 2 : 1$$

11·3 解答

<u>Step-1</u>　外力による仕事

$$\Sigma P \cdot \delta = P_u \times 2l\theta = 2 P_u l\theta$$

<u>Step-2</u>　内力による仕事

$$\Sigma M_p \cdot \theta = 3 M_p \times \theta + 3 M_p \times \theta \times 2 + 3M_p$$
$$\times 2\theta + 2 M_p \times \theta + 2 M_p \times 2\theta$$
$$= 21 M_p\theta$$

<u>Step-3</u>　$\Sigma P \cdot \delta = \Sigma M_p \cdot \theta$ より

$$2 P_u l\theta = 21 M_p\theta$$

$$\therefore \quad P_u = \frac{21M_p}{2l}$$

12 章　固有周期

12·1 解答

固有周期 $T = 2\pi \sqrt{\dfrac{M}{K}}$

〈断面二次モーメント〉

$$I_A = \frac{\pi d^4}{64}$$

$$I_B = \frac{\pi \times (2d)^4}{64} = \frac{\pi d^4}{4}$$

$$I_C = \frac{\pi \times (2d)^4}{64} = \frac{\pi d^4}{4}$$

〈棒のバネ定数〉

$K = \dfrac{3EI}{L^3}$ より

$K_A = \dfrac{3\pi d^4 E}{64l^3}$

$K_B = \dfrac{3\pi d^4 E}{4l^3}$

$K_C = \dfrac{3\pi d^4 E}{4 \times (2l)^3} = \dfrac{3\pi d^4 E}{32l^3}$

〈各棒の固有周期〉

$T = 2\pi\sqrt{\dfrac{M}{K}}$
より

$T_A = 2\pi\sqrt{\dfrac{m \times 64l^3}{3\pi d^4 E}} = 2\pi\sqrt{\dfrac{64ml^3}{3\pi d^4 E}}$

$T_B = 2\pi\sqrt{\dfrac{2m \times 4l^3}{3\pi d^4 E}} = 2\pi\sqrt{\dfrac{8ml^3}{3\pi d^4 E}}$

$T_C = 2\pi\sqrt{\dfrac{m \times 32l^3}{3\pi d^4 E}} = 2\pi\sqrt{\dfrac{32ml^3}{3\pi d^4 E}}$

$\therefore$ $T_A > T_C > T_B$

12・2 解答

固有周期 $T = 2\pi\sqrt{\dfrac{M}{K}}$

両端固定の場合のバネ定数は，$K = \dfrac{12EI}{L^3}$ であるが，柱が2本あるので，2倍して，$K = \dfrac{24EI}{L^3}$ とする.

したがって，$T = 2\pi\sqrt{\dfrac{M}{K}} = 2\pi\sqrt{\dfrac{ML^3}{24EI}}$

$T_A = 2\pi\sqrt{\dfrac{8m \times h^3}{24EI}} = 2\pi\sqrt{\dfrac{8mh^3}{24EI}}$

$T_B = 2\pi\sqrt{\dfrac{2m \times (2h)^3}{24EI}} = 2\pi\sqrt{\dfrac{16mh^3}{24EI}}$

$T_C = 2\pi\sqrt{\dfrac{m \times (4h)^3}{24EI}} = 2\pi\sqrt{\dfrac{64mh^3}{24EI}}$

$\therefore$ $T_C > T_B > T_A$

12・3 解答

固有周期 $T = 2\pi\sqrt{\dfrac{M}{K}}$ より

$T_A = 2\pi\sqrt{\dfrac{m}{K}}$

$T_B = 2\pi\sqrt{\dfrac{m}{2K}}$

$T_C = 2\pi\sqrt{\dfrac{2m}{K}}$

$\therefore$ $T_B < T_A < T_C$

$T_B = T_1$ とすると，$a_B = 1.0\,g$

$T_C = T_2$ とすると，$a_C = 0.6\,g$

と考えると，T_A は，T_B と T_C の間の値であるので，中間をとって $a_A = 0.8\,g$ とする.

応答せん断力 Q

  $=$ 質量 $m \times$ 応答加速度 a

より

$Q_A = m \times 0.8\,g = 0.8\,mg$

$Q_B = m \times 1.0\,g = 1.0\,mg$

$Q_C = 2m \times 0.6\,g = 1.2\,mg$

$\therefore$ $Q_C > Q_B > Q_A$

索　引

〈著者略歴〉

上田 耕作 （うえだ こうさく）

1982 年	山梨大学工学部土木工学科 卒業
1992 年	武蔵野美術大学造形学部建築学科 卒業
現 在	日本工学院八王子専門学校
	建築学科，建築設計科，土木・造園科 勤務
	一級建築士
著 書	「計算の基本から学ぶ 建築構造力学（改訂 2 版）」，
	「計算の基本から学ぶ 土木構造力学」（以上，オーム社）
共 著	「わかるわかる！ 建築構造力学」（オーム社）
	「1 級建築士学科試験要点チェック（2020 年版）」，
	「2 級建築士学科試験要点チェック（2020 年版）」（以上，秀和システム）

イラスト：原山みりん（せいちんデザイン）

いちばんやさしい
建築構造力学問題集 296

2021 年 11 月 15 日　　第 1 版第 1 刷発行

著　　者	上田耕作
発 行 者	村上和夫
発 行 所	株式会社 オーム社
	郵便番号　101-8460
	東京都千代田区神田錦町 3-1
	電話　03(3233)0641(代表)
	URL　https://www.ohmsha.co.jp/

© 上田耕作 2021

印刷・製本 三美印刷
ISBN978-4-274-22784-4　Printed in Japan

本書の感想募集 https://www.ohmsha.co.jp/kansou/

本書をお読みになった感想を上記サイトまでお寄せください．
お寄せいただいた方には，抽選でプレゼントを差し上げます．